언어마술사

언어마술사

초판 1쇄 인쇄 2017년 12월 11일
초판 1쇄 발행 2017년 12월 20일

지 은 이 이기석
본문삽화 이상무
디 자 인 이선우
본문편집 이홍배
펴 낸 이 백승대
펴 낸 곳 매직하우스

출판등록 2007년 9월 27일 제313-2007-000193
주   소 서울시 마포구 월드컵로38가길 14 201호(중동 39-21)
전   화 02) 323-8921
팩   스 02) 323-8920
이 메 일 magicsina@naver.com
I S B N 978-89-93342-60-4

책값은 표지 뒤쪽에 있습니다.
파본은 본사와 구입하신 서점에서 교환해 드립니다.

언어
마술사

이기석 지음

Magic House
마법의 책 공장

차례

시작글
프롤로그

chapter 1 **언어 마술**

01_ 이성간 언어마술 ──────── 33

02_ 장소별 언어마술 ──────── 51

03_ 외모별 언어마술 ──────── 67

04_ 감정별 언어마술(喜) 기쁨 ──────── 93

05_ 감정별 언어마술(怒) 노여움 ──────── 107

06_ 감정별 언어마술(哀) 슬픔 ──────── 147

07_ 감정별 언어마술(樂) 즐거움 ──────── 171

08_ 상황별 언어마술 ──────── 191

09_ 각종 언어마술 ──────── 229

10_ 메신저 대화 ──────── 243

11_ 언어마술 트레이닝 ──────── 255

chapter 2 **예능 장착**

01_ 장난꾸러기 행동 ──────── 266

02_ 로맨틱한 행동 ──────── 273

03_ 한 대 때려주고 싶을 때 ──────── 277

04_ 바보 만들기 ──────── 279

05_ 대화 속 유머 ──────── 288

06_얘깃거리 ──────────── 297

07_아쉬운 소리하지 않는 방법 ──── 304

08_재미난 문제 ──────────── 308

09_흥미로운 질문 ──────────── 312

10_질문에 대한 웃긴 대답 ──────── 313

chapter 3   # 유머 장착

01_베스트 유머 ──────────── 322

02_사오정시리즈 ──────────── 336

03_삼사오행시 ──────────── 341

04_넌센스 ──────────── 344

05_말장난 ──────────── 346

06_속담, 명언 비틀기 ──────── 347

chapter 4   # 유머 트레이닝

01_유머 전략 7가지 ──────────── 352

02_유머를 가로막는 10가지 변명 ──── 359

03_유머습관 들이기 ──────────── 360

작가 에피소드

맺음말

시작글

"바나나 사주면 나한테 바나나?"
"웬 얼룩소가 성형외과 가서 점 빼는 소리야!"
"목장 주인이야? 왜 이리 말이 많아?"

이처럼 말이나 글자를 소재로 하는 놀이를 '언어유희'라 한다.
언어유희는 둘 이상의 어울리지 않는 단어를 조합하여 재미있게 꾸미는 말의 표현이다. 그밖에도 말의 배치를 바꾸거나, 동음이의어를 활용하거나, 발음의 유사성을 이용하는 것도 언어유희의 일종이다.
오래전 학창시절 때, 입담 좋은 한 친구가 대화도중 이러한 말들을 많이 쏟아냈다.

음식도 첨부되는 조미료나 향신료에 의해 맛이 변하듯 우리의 언어에도 갖가지 조미료와 양념을 더해 신선하고 맛있는 문장을 만들어낼 수 있다는 것을 그때서야 깨달았다.

마치 마술사가 빈 중절모에서 비둘기를 꺼내 날리며 사람들의 눈을 즐겁게 하는 것처럼 그 친구 입에서 나오는 언어들은 뭔가 마술에 걸린 듯 사람들의 귀를 즐겁게 했다. 그의 주변엔 언제나 웃음이 만발했고 친구들로부터 인기를 누리는 모습이 무척이나 부러웠다.
결국 내게도 언어 욕심이 불탔고 언어 마술사가 되기 위해 유머 멘트를 수집하는 취미를 갖게 되었다.

내 기억력은 붕어수준에다 건망증은 치매수준이고, 청각은 사오정수준이지만 나름 기특한 건, 남의 얘기를 집중해서 잘 들어주고 메모하는 습관을 가졌다는 것이다. 여기저기서 재미난 멘트들을 열심히 메모하고 모으다보니 어느 순간 천 개가 훌쩍 넘는 언어마술 문장을 가지게 되었다.

"어쩜 이렇게 이쁘신지.
혹시 어머님 뱃속에 성형외과라도 있는 건가요?"

"너는 나한테 양말 같은 존재야.
아무리 기어 올라와봐야 내 발목이야."

"감사합니다.
이 은혜를 몇 개월 할부로 갚아야할지 모르겠네요."

실생활에서 적절한 타이밍마다 신바람 나게 떠들어보았다.
같은 말을 수도 없이 반복했지만 듣는 대상은 계속 바뀌었기 때문에 대부분 처음 듣는 멘트에 신선하다며 웃음을 참지 못했다.

모임이나 파티에서 매번 똑같이 되풀이되고 있는 사회자의 재미난 말투에 빵빵 터져 웃는 청중들의 모습이라 보면 되겠다. 숙련이 되다보니 많은 상황에서 기다렸다는 듯 준비된 멘트와 조크들이 술술 나왔다. 신기함 반 부러움 반의 표정으로 지인들이 말한다.

"네가 사용하는 멘트 좀 모아 줄 수 없어?"

이것이 내가 이 책을 쓰게 된 가장 첫 번째 계기가 아닌가 싶다.

누구나 대인관계에서 톡톡 튀는 명대사나 센스 있고 위트 있는 언어를 맘껏 구사하며 호감을 얻고자 한다.
첫 인사를 할 때, 딱딱한 분위기를 전환시키고자 할 때, 빛을 발하는 촌철살인의 한 마디를 던지고 싶다.
그것은 친구들과의 술자리, 회사 회의시간, 고객과의 미팅, 동호회 모임이나 파티, 소개팅 자리, 맘에 드는 이성에게 합석을 요구할 때, 심지어 On-Line과 SNS 공간에서도 마찬가지다.
내공을 쌓기 위해 서점을 기웃거리며 화술, 유머 관련 책을 읽어보기도 한다.

그러나 수많은 이론들은 고개를 끄떡이게만 할 뿐이지 바쁜 현대인이 정작 실생활에 대입시키기에는 역부족이다.
다가오는 여자 친구 생일날 멋지게 피아노 한 곡 쳐주고 싶은데 언제 건반 외우고 코드 외우고 악보 공부하고 있으랴. 그냥 악착같이 한곡만 외워서 그럴듯하게 써먹으면 그만이다.
피아노 건반에 '도'가 어디 붙었는지도 모르던 나도 실제로 여자 친구 생일날 '유리상자'에 〈사랑해도 될까요?〉를 3주 만에 외워서 멋들어지게 쳐준 적이 있었다. 그래도 잘한다며 감동받고 눈물 찔끔 흘리더라.

이 책은 여러분들을 웃기기 위한 것도 아니고 유머화술에 관한 고리타분한 기본기를 갖추게 하려는 의도도 아니다. 이론이 아닌 속성으로써 여기에 나오는 내용들을 그대로 외우고 실전에서 유용하게 써먹길 바라는 마음이다.

'나는 재미없는 사람이다. 내가 말하면 썰렁해진다. 내가 말하면 잘 웃지 않는다'는 생각과 고정관념을 가지고 있는 독자라면, 이제부터 자신감을 가지고 당당해져라. 위트 있는 사람이 될 수 있는 마술 카드들을 손에 쥐어주겠다. 다양한 상황에서 적시적소에 꺼내들기만 하면 된다.

영어를 일절 못하는 사람일지라도 생활영어 몇 문장만 외우고 해외에 나가면 어느 정도의 대화는 가능하듯이, 유머 능력이 아예 없는 사람일지라도 이 책에 나오는 몇 가지 내용들만 잘 기억하고 있다면 대화에서 어느 정도의 유머러스한 사람은 될 수 있을 것이다.

지난 20년간 방송, 라디오, 인터넷, 신문, 유머 책, 잡지, 어느 강연장에서의 진행자의 멘트, 친구들의 입담, 또는 필자의 경험과 창작에 의해서 만들어진 수많은 언어 마술과 유머 스킬들을 이 안에 모조리 모아봤다.

남녀노소 지위고하를 막론하고 일상생활에서 흔히 쓰이는 내용들을 실전에 바로 응용할 수 있게끔 풀이했다. 필자 또한 이 책에 있는 내용들을 최근까지 수많은 인간관계에서 사용해왔다.

우리들 인간관계에서의 유머와 웃음은 그 어떤 보약보다 훌륭했다. 즐거움이 넘쳐났고, 활력소를 만들어줬고, 고민을 잊게 했고, 건강을 지켜줬고, 사랑을 따르게 했다.

말 한마디로 천 냥 빚을 갚는다고 하는데, 잘 써먹은 유머 한마디는 나를 그 날의 주인공으로까지 만들어주기도 했으며 고마운 수식어까지 생겨났다.

언어 마술사, 유쾌한 주파수, 행복 바이러스, 웃음 전도사 등.

하지만 좋은 날만 있는 건 아니었다. 때론 유치하다거나 아재개그라며 비웃음을 받기도 했다. 하지만 아재개그면 어떻고 유치하면 어떤가. 비웃음도 웃음이고 썩소도 웃음인데. 연구결과에 의하면 썩소도 우리 건강에 이롭다고 하더라.

내 노력으로 분위기가 전환되고 누군가 건강해진다면 그걸로 만족하면 그만이다. 그리고 내가 무슨 개그맨인가? 개그맨도 100% 다 웃기질 못하는데 나라고 다 웃기겠는가.

"나는 타석에 나갈 때마다 안타치기를 기대하지 않는다. 다만 타율이 높아지기를 기대한다." 라고 말했던 루즈벨트 대통령의 말처럼, 나 또한 점점 확률이 좋아지길 기대하는 것뿐이다.

앞으로 나올 내용들에 대해서는 이미 독자들이 알고 있는 것, 어디선가 한번쯤 들어봤을 법한 내용도 많을 거라 생각한다.

아직 모르고 있는 사람들을 배려해 오래된 이야기들도 첨부했다.

'나, 이거 아는 내용이야'라며 자만하지 말고 상대방에게 써먹을 수 있는 내 것으로 만들어라. 알기만 하고 써먹지를 못한다면 얼마나 억울한가.

이 책을 처음엔 가볍게 읽어라.

두 번째 읽을 땐 "누군가에게 한번 써먹어봐야지?"라는 관심을 갖고

읽어라.

써먹으려고 하는 마음과 노력이 있어야 내용들이 더욱 각인될 것이다.

독자의 성별, 나이, 성향, 습관, 인간관계에 맞게끔 내용들을 따로 정리해봐라.

그 다음 일상생활에서 반복적으로 꾸준하게 연습해라.

처음엔 어색할 수 있어도 자꾸 반복하다보면 자연스러워 지는 것이다.

반드시 세 번 이상 정독을 권하고, 완벽하게 자신의 것으로 만들기 바란다.

그리하면 임기응변과 순발력이 생기게 되고, 짜 맞추기씩 유머 화법이 아닌 능수능란한 유머 기교를 부릴 수 있게 된다.

말에도 온도가 있듯,
지금부터 썰렁한 말보다 화끈하고 뜨거운 말을 써보자.

언어를 바꾸면 자신감이 생기고
자신감이 생기면 인간관계가 바뀐다.

'얼짱 몸짱'을 넘어 이젠 '유짱'의 시대가 왔다.

프롤로그

"행복해서 웃는 것이 아니라 웃어서 행복한 거다."

내가 가장 좋아하는 말이다.
그동안 행복해지려고
수없이 웃어왔던 것 같다.

아마 지금까지 웃었던 양을 따져보면
내가 세상에서 가장 행복한 사람이 아닐까 싶다.

이젠 다른 사람들에게도
그 행복을 나눠주고 싶다.

그래서 유머를 사랑하고 말장난을 즐기며
개구쟁이처럼 살아가고 있는 게 아닐까.

내 평상시의 익살스런 모습을 간단하게 구성해보았다.
"아, 필자는 이런 사람이구나." 정도의
느낌을 가지길 바란다.

그러면 앞으로 나올 내용들이 더욱 이해가 쉽고
그림으로 떠올리기 좋을 것이다.

몸 풀기라 생각하고 편안히 감상한 후
본문으로 들어가도록 하겠다.

chapter 1

언어 마술

첫 번째, 언어 마술편이다.

인간관계에서의 재미난 멘트 모음집이라 보면 된다.
상대가 예상한 대답 또는 흔한 말이 나온다면 그저 식상할 뿐이다.
지배적인 상황과 모순되는 역발상적인 애드립을 할 줄 알아야 한다.
이제는 개성시대고 자기 PR시대인 만큼 남과 다른 말을 써보자.
언어를 비틀고, 꺾고, 짜고, 틀고, 뒤집어보는 거다.

지금부터 수많은 상황에 대한 1,200여 개의 멘트가 나올 것이다.
질보다 양을 택했고 구구절절한 설명과 예문은 모조리 뺐다.
지루하거나 유치할 수도 있고, 신선하거나 박장대소할 수도 있다.
같은 문장일지라도 상황과 타이밍, 표정, 말투, 행동 등
2차적인 요소에 의해 느낌은 180도 확 달라진다.

누가 해도 재미난 말을 재미없게 만드는 사람이 있고,
평범한 말을 아주 재미있게 잘 만들어내는 사람도 있다.
그 두 번째 요소는 독자들이 잘 해낼 거라 믿는다.

지금부터 대형마트에 왔다고 생각하고 장바구니를 들고 다니며
수많은 재료들을 담아라. 언제 어떤 식의 요리가 만들어질지 모른다.

장바구니를 들었는가?
그렇다면 언어마술의 세계로 들어가 보자.

역사 속 유머 한마디

스페인 태생의 입체파 화가. 파블로 피카소

2차대전 이후 피카소의 그림 값이 폭등했다.
어느 한 부자 집의 부인이 그의 작업실을 방문해서 피카소의 추상화를
이곳저곳 보며 물었다.

"이 그림은 무엇을 표현하고 있습니까?"

태연하게 그 부인한테 피카소가 말했다.

"이 그림은 20만 달러를 표현하고 있습니다."

01 이성간 언어마술

누구나 가장 잘 보이고 싶어 하는 상대는 바로 이성이다.
위트 있는 표현으로 상대에게 호감지수를 높여보자.

1. 이성에게 이쁜 말 해주기

넌 마지막 신의 창조물이야.

아담하고 **이~쁘**니까.

너의 맘속에 월세, 아니 **전세** 내고 싶어.

널 분양받아 네 맘속에서 영원히 살고 싶어.

바나나사주면 **나한테 바나나?**

혹시 알마니 향수 마시나요?
말에 향기가 묻어나오네요.

혹시 **방부제**라도 드시나요? 엄청 **동안**이세요.

배려심이 좋네요. 그 배려는 신체의 **어느 기관**에서 나오나요?

우와~~ 굉장히 아기자기 보들보들 멍멍이 같네?

택시 할증 미터기처럼 눈을 뗄 수가 없네요.

옆구리 시렵지?

따듯한 늑대모피 필요하면 언제든지 말해.

넌 나의 **줄리엣**이자, **이브**이자, **평강공주**야.

내 **가슴**에서, **머리**에서, **혀**에서 하고 싶은 말이 있어. **사랑해.**

워낙 날씬하셔서 바람 부는 날에 **모래주머니** 꼭 차고 다니세요.

여기 1차는 내가 낼게. 넌 나한테 시간만 내줘.

마법사야? 어떻게 하늘의 별을 눈에 넣었어?

우리 동화 속 주인공처럼 오래오래~ 행복하게 살자.

너의 마음에 비타민을 넣어줄게.

지금부터 나의 연애기상도는 매우 맑음이야.

슈퍼맨은 지구를 지키지만 난 너만을 지킬게.

촛불처럼 이 한 몸 널 위해 불태울게.

지금부터 나의 사랑에 디어도 책임 못 진다?

넌 꽃밭에서 숨바꼭질하면 절대 못 찾겠다.

아, 기분 묘하다. 남자도 마법에 걸릴 때가 있구나.

너에게 항상 한결 같을 거야.
이 얼음 같은 불경기에 매출기복 없는 치킨집처럼.

넌 청순하고, 지적이고, 예쁘고, 순수하고, 깜찍하고,
귀엽고, 섹시하고, 발랄하고, 단아하고, 여성스럽고, 우아~해.

끝없는 우주, 무한한 행성, 무한한 시간, 그 중에서 같은 행성,
같은 시간대에 너와 함께 살고 있는 걸 감사해.

(머리를 쓸어내리며) 순해져라. 순해져라. 말 잘 듣고 착해져라. 착해져라.
자, 손! (손바닥을 펴 보이며 얹으라는 듯)

혹시 몸에 **아웃포커싱** 기능이라도 있어?

왜?

지금 내 눈엔 너만 보여. 뒤는 보이지가 않아.

우리나라는 성공하려면 학연, 지연, 혈연이 정말 중요합니다.
그런데 이보다 더 중요한 게 있습니다.

어떤 거요?

우연과 인연! 우연히 만난 우리 **인연**이 되어볼까요?

남자의 이상형이 누군지 아세요?

누군데요?

오늘 **첨** 본 여자요. 제 **이상형**입니다.

혹시 도벽 있어?

아니 왜?

왜 자꾸 내 맘 훔쳐가!

너 정말 피곤하겠어?

내가 왜?

하루 종일 내 **머릿속**을 돌아다녀서.

눈 **깜빡**거리는 게 너무 아까워.

왜?

잠깐 잠깐 널 놓치니까.

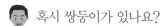

혹시 쌍둥이가 있나요?

아니요. 없는데요.

그럼 세상에서 가장 예쁜 분이겠군요.

얼굴도 미인이시고 센스도 있으시네요.

아~ 네. 감사해요. 풋.

아니 무슨 **스폰지**도 아니고 주는대로 다 **흡수**만 하세요?

네?

오가는 정이 있어야죠.

아. 그쪽도 멋지세요. 호호.

엎드려 절 받는 기분이군요. 하하.

종교가 뭐에요?

그건 왜요?

뭘 믿고 이렇게 예쁜가 해서요.

어떤 남자가 성공한 남자인줄 알아?

어떤 남자인데?

자기 와이프가 쓰는 것보다 더 많이 버는 남자를
우리는 성공한 남자라 하지. 그럼 성공한 여자는 누구인지 알아?

누군데?

그런 남자를 찾은 여자. 넌 **성공**했어.

"너가 정말 못 생겼다"를 4글자로 하면?

뭔데?

"말도 안 돼."

다음부턴 빨간색 대신 파란색 립스틱을 발라주세요.

왜요?

계속 **직진**해도 좋다는 신호로 받아들이고 싶어요.

김구가 여자를 치면 뭔지 알아?

뭔데?

여자친구. 지금부터 넌 내 여자친구야.

좋아하는 라면이 있는데 같이 드실래요?

어떤 라면이요?

그대와 **함께라면**.

너에게 주고 싶은 우유가 있어.

무슨 우유?

아이럽~ 우유!

해가 동쪽에서 뜨면 무슨 해이게?

동해

그럼 서쪽에서 뜨면?

서해

그럼 내 마음에 해가 뜨면?

글쎄. 뭔데?

사랑해.

2. 이성에게 스킨십 시도

（능청스럽게） 오빠 **민지?** 손만 잡고 있을게.

（손을 잡으며） 이 신성한 손을 영원토록 숭배하고 찬양할게!

보조개 파일 때까지 볼에 뽀뽀해줄까?

뽀뽀 하나만 줄래?

어깨에 팔 좀 **무임승차**시켜도 될까요?

제 어깨는 **과학**입니다. 한번 기대보세요.

너 때문에 입이 바짝 말라서 입에 침이 없어. 침 좀 수혈해줘.

한 그루의 사과나무를 심어야 하는 날 까지 나에게 안겨있어.

뼈마디 끊어질 정도로 한번만 안아줄 수 있어?

이 손 당장 놓지 못... 해도 좋아요.

누군가를 안아주라고
하나님이 이렇게 팔을 길게 만들어 주신 건데
한번 안아 봐도 될까요?

고등학교 3학년 국사책에 기록될 만한 **역사**를
오늘 밤 만들어볼까요?

3. 이성에게 퉁명스러운 대화

여자가 너만 있는 줄 알아?

옥상에 널린 **빨래**마냥, 주문진에 널린 **오징어**마냥
널리고 널린 게 여자라고.

여자들이 싫어하는 얘기가 종교, 군대, 축구 얘기라면서?
지금부터 어느 스님이 군대 가서
축구했던 얘기해줄게.

우리 간보지 말고 밀땅하지 말자!

이야~ 화장 죽인다. 얼굴로 **마술**을 부리네?

내가 매직아이야? 왜 이렇게 뚫어지게 쳐다봐?

어제 먹었던 술이 홀라당 깨네.
숙취해소 효과를 가진 여자네.

어장관리는 아쿠아리움 가서 해라!

나 지금부터 삐뚤어질 테야!

바둑판 꽉 찼다. 우리 **그만 두자**. (헤어지자)

양다리 걸치다 걸리면 양다리 다 찢어버린다!
한 눈 팔면 눈알 뽑아서 **장님**으로 만들어 버린다!
바람피우면 장풍으로 날려 버린다!

역사 속 유머 한마디

프랑스 대통령 샤를 드골

드골에게 정치 성향이 다른 반대파 의원이 말했다.

"각하, 제 친구들은
각하의 정책에 매우 불만족하고 있습니다."

그러자 드골은 대수롭지 않다는 듯 응수했다.

"아, 그래요? 그럼 친구를 바꿔 보세요."

드골은 군인이자 정치인, 작가였다.
제2차 세계대전 종전 이후 두 번의 총리와 대통령을 역임했다.
나치 부역자들을 철저히 숙청해 프랑스다운 프랑스의 초석을 놓았다.

02 장소별 언어마술

대부분의 만남은 식당, 커피숍, 술집에서 이뤄지고
그 안에서 많은 대화 교류가 있다.
각 장소별로 흔히 써먹을 수 있는 내용들로 모아봤다.

4. 음식점

손님이 우리 둘 밖에 없는 경우

(주문) 내가 여기서 이래도 되나싶을 정도로 양 좀 많이 주세요!

(주문) 이러다 사장님한테 욕먹는 거 아닌가 싶을 정도로
많이 주세요!

(주문) 종업원이 주인 망하라고 음식을 마구 퍼주다가
가게가 오히려 대박이 났대요. 여기도 **대박** 났으면 좋겠네요.

(주문) **곱빼기 같은 보통**으로 주세요!

(주문) 여기 물고기 중에서 가장 **학벌 좋은 놈**으로
두 마리 주세요!

네? 그게 뭐죠?

고등어 달라고요.

(옷에 튀길 때) 여기 앞치마 말고 **우비** 있나요?

김치국, 된장국, 미역국 이게 바로 **삼국시대**지.

알탕 먹을래? **골탕** 먹을래?

(해물탕 먹을 때) 우아~ 동해바다야? 상어 빼고 다 있네.

전주 비빔밥 말고 **이번주 비빔밥** 아직 안 나왔나요?

나도 빵 무지 좋아해.
해피포인트 적립금으로 **아파트 분양** 받을 수 있어.

오렌지 먹어본지가 얼마나 오렌지.

뭐 먹고 싶어?

고로케가 **고로케**도 먹고 싶네.

얼굴에 뭐 묻었어. 내가 닦아줄게.

아. 건들지 마. 이거 테이크아웃 해가려고.

접시에 음식이 하나만 남은 경우

눈치게임 하지말자.
하나 남는 건 다 내꺼야!

5. 술집

술 값 많이 나왔을 때

(메뉴판 한참 들여다 볼 때) 지금 수능 문제 풀어?

세상에서 가장 어려운 일이 술집 가서 안주 고르는 일인 거 알죠?
제가 한번 도전해보겠습니다.

(1차 얻어먹을 때) 오늘 12차는 내가 쏠게!

이런 참이슬 노예들 같으니라고.

어디 한번 만땅으로 주유해볼까?

아 술 땡겨. 술독에 다이빙하고 싶다.

(주사 있는 경우) 넌 술만 마시면 야생동물로 변하는구나?

(술집 직원이 와서는) 죄송하지만 저희가 지금 마감이라서…

(이렇게 답변) 죄송하지만 저희도 지금 마감이거든요.

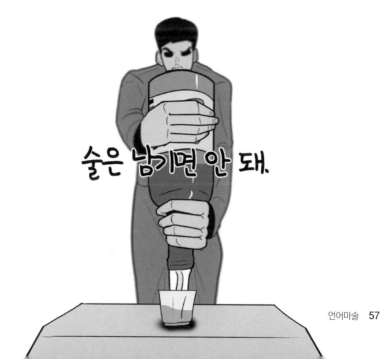

술은 남기면 안 돼.

건배사

❖ 술 마시는 이유 4가지!
  쾌락을 위해! 우정을 취해! 행복을 위해!
  이밖에 모든 이유들을 위해~ 건배!

❖ 소녀시대다! **소**중한 **여**러분 **시**간에 잔 **대**보자!

❖ 원더걸스다! **원**하는 만큼 **더**도 말고 **걸**맞게 **스**스로 마시자!

❖ 개나발! **개**인과 **나**라의 **발**전을 위하여!

❖ 마돈나다! **마**시고 각자 **돈** 내고 **나**가자!

❖ 지금부터 음주가무! 집에 갈 땐 음주단속!

❖ 부어라! 마셔라! 취해라!

6. 노래방

아싸~ 돌리고! 후비고! 흔들고! 쓰리고! 렛츠고!

예약 2개하거나 마이크 뺏는 사람은
오늘 **신체포기각서** 쓰기다!

70점미만 나오는 사람은 엉덩이로 이름 쓰고 들어오기!

음정 박자 무시하는 사람은 오늘 **개무시** 당한다!

지금부터 **3옥타브**로 너희들 고막 찢어주겠어!

내가 웬만해선 들어주겠는데, 이정도면 옆방에서 **민원** 들어와.

7. 나이트클럽

밤바다에 표류하다 만난 등대처럼
너무나 반갑습니다.

오늘 여기서 부킹 끝입니다.
님에게 올인하겠습니다.

아까 멀리서 봤을 땐 정말 이뻐보였는데
지금 가까이서 보니까....
황홀하게 아름답네요.

오리들 틈에 껴있는
황금 거위나 다름없네요.

이야~ 모델인 줄 알았어요.
혹시 모델하우스 사세요?

용의 꼬리가 되느니 뱀의 머리가 되려고
클럽 안 가고 국빈관 왔습니다.

제가 요즘 책을 쓰고 있는데 좀만 도와주실 수 있나요?

어떤 책인데요?

전화번호부

네??

번호 좀 주시겠어요?

밤길 조심하셔야겠어요.

왜요?

백마 탄 왕자한테 납치당하겠어요.

천국에서 인원 점검하느라 난리 났겠네요?

왜요?

천사가 한명 사라져서요.

저, 잠시만 차에 좀 갔다 올게요.

왜요?

살인미소 좀 챙겨올게요.

오늘 부킹 성공하면 엄마가 같이 유럽여행 보내주시겠대요.

정말요?

근데 당일치기입니다.

역사 속 유머 한마디

독일의 헬무트 콜 총리

헬무트 콜 총리는 독일을 통일시킨 중요한 인물 중 한 사람이다.
어느 날, 콜 총리는 정원을 청소하다가 수류탄 세 개를 주웠다고 한다.
콜 총리는 재빨리 아내와 함께 경찰서로 수류탄을 가져가려했다.
그런데 함께 가던 아내가 걱정스럽다는 듯이 물었다.

"여보, 가는 도중에 수류탄 하나가 쾅 터지면 어쩌죠?"

그러자 콜 총리는 아내를 안심시키며 대답했다.

"걱정 마. 경찰에겐 두개를 주웠다고 말하면 되니까."

03 외모별 언어마술

외모로 상대방을 공략하는 유머는 조심하는 게 좋다.

자칫하다 낭패 볼 수 있기 때문이다.

흉을 보아도 웃음으로 승화시킬 수 있는

적절한 관계일 때만 사용하길 바란다.

그리고 남을 망가뜨려야 한다면,

나부터 먼저 망가지는 솔선수범을 적극 권한다.

유머의 시작은 나를 망가뜨리는 것에 있다.

8. 외모칭찬

예쁜 여사친이 등장했다.

아주 온 사방이 사방샤방하구나.

신내림 받은 비쥬얼이네.
예술혁명을 일으키려고 작정을 했군.

라인이 아주 에스라인,
인라인, 온라인, 오프라인 저리가란데?

보조개 **위치선정**이 아주 끝내주네요.
보조개 상주고 싶어요.

피부는 복숭아, 뺨은 사과반쪽, 입술은 체리.
얼굴이 완전 **과일사라다**야!

얼굴에 광채가 제네시스 헤드라이트랑 맞먹는걸?

이렇게 예쁘다니.
혹시 어머님 뱃속에 성형외과라도 있어?

얼핏 봤을 때 이뻤는데... 자세히 보니 더 이쁘네요.

이럴 수가. 이 **앵두** 같은 얼굴에서 눈이 움직이고
코가 움직이고 입이 움직이다니.

피부는 **비너스** 같고 미소는 **모나리자** 같아요.

어쩜 **뼈도** 이쁘네요.

조각 박물관인가요?

얼굴이 조각으로 가득하네요.

순정만화의 주인공처럼 눈망울이 촉촉한데?

내 모든 세포의 이상형입니다.

이거 완전 비율깡패네.

완전 동안이다. 나이를 거꾸로 마셔?

와우! 배에 복근 좀 봐! 빨래판 인줄 알았어!

피부 좋다? 혹시 존슨즈 베이비복스로션이라도 써?

이슬에 세수하니?

아님 이슬로 메이크업하니?

왜 이리 귀여워.

우리 집에서 사육하고 싶네.

먹이 잘 주고 밧줄 안 묶는다고 약속할게.

그리고 안방까지 들어오게 해줄게.

어때?

이런 꽃 킬러! 주변 꽃들이 다 죽어버리네.

이런 살인미소! 불법 무기소지죄로 고발하겠어.

9. 외모비하

삐에로도 웃기고 남을 면상인데?

오늘 가르마가 7:3으로 **오른쪽** 진영이 땅을 더 차지했네?

턱 갸름한 것 좀 봐. 턱으로 **회**를 뜨겠는 걸?

얼굴에서 **줄다리기시합** 있었어? 팽팽해졌다?

그게 살인미소냐. **살인미수지!**

이야~ 다리가 한강다리보다 튼튼해 보이는데?

다리가 완전 조기축구회 **스트라이커 득점왕** 다린데?

(여자한테) 어라? **여장**하고 왔어?

몸매가 완전 장난 아닌 게 아니라 **장난**이네.

잘생긴 놈은 **얼굴 값**하는데 이놈은 왜 이리 **꼴값** 하냐.

얼굴 기름 모아서 **주유소** 차리려고 그래?

얘는 성형으로 예뻐진 게 아니라 하기 전이 **최악**이었어.

오늘따라 왜 이리 불쌍해 보이지?
바로 **계좌이체** 해주고 싶네.

(허름한 차림으로 돌아다닐 때) 야! 땅값 떨어져! 빨리 들어와!

얼굴이 참 겸손하네.
얼굴에 자기자랑이 하나도 없어.

보는 사람 생각은 안하고 본인생각만 해? 완전 이기적이네.

얼굴 왜 이리 박살났어? 오다 대형사고 났어?

넌 참 교훈을 주는 얼굴이야.
난 앞으로 부모님께 감사하며 살 거야.

너의 소원은 이민정 눈, 이나영 얼굴크기, 한가인 코냐?

이런 부실공사 같은 얼굴!
얼굴기초공사가 엉망진창이네! 재건축 들어가자!

애 얼굴 만들려면 내 얼굴 30년 동안 줘 패야 돼.

신에게 밟힌 면상이구나.

너 지금 일부러 되게 못생긴 척 하는 거지?

얼굴 드라이크리닝 했어? 쫙 펴졌네?

너 요즘 얼굴이 완전 비수기네.

완전 시청률 떨어뜨리는 얼굴이네.

성형외과의사들이 꼭 한번 도전해보고 싶을 얼굴이네.

너 혹시 한국말 굉장히 잘하는 필리핀 사람 아냐?
굉장히 동남아스러운데?

너 얼굴이 완전 조각 같다.

정말?

산산조각.

넌 하나만 고치면 장동건이야.

어디?

이름.

외국 배우 닮았다.

정말?

애로배우.

난 절대 외모로 사람 평가하진 않는데 넌 정말 너무하다.

화장이냐? 위장이냐? 변장이냐? 아님 특수분장이냐?
이건 뭐 화장도 아니고 성형도 아니고 1인2역이구만.

화장이 왜이리 잔인해. 할로윈데이야?

너 이목구비 좀 분발해야겠어.

말이 사람이지 수의만 입혀놓으면 시체나 다름없는 몰골이네.

머리카락이 완전 빗자루 털 같은데?

얼굴이길 포기한 얼굴인 걸?

얼굴 하나로 전 세계 관광객들 끌어 모으겠어.

(컬러렌즈 꼈을 때) 눈동자 염색했어?

이정도 얼굴이면 아무리 뽀샵처리 해도
마우스 꽤나 클릭해야겠는 걸. 손가락에 알통 나오겠어.

고화질 모니터가 이렇게 고물상 모니터로 바뀌다니.

아 느끼. 빙판길보다 너 얼굴 쳐다보는게 더 미끄럽다고.

해물파전으로 팩하고 나왔어?

촌구석에서 도랑 치고 가재 잡다 올라왔냐?

부채로 얼굴 가리면 꽃미녀 될 것 같은데?

너 굉장히 잘생겼다.

정말?

인중이.

손도 정말 이쁘게 생겼다.

정말?

지문이.

이야~ 너 되게 동안이다.

정말?

목소리가.

난 너 얼굴만 보면 기분이 **월화수목금**이야.

왜?

그다음으로 내가 뭐할까.

토 할 거 같아.

그래 기분이 그렇다고.

10. 키

(키 자랑하는 경우) 그래봐야 도토리 키 재기야.

어차피 180cm 폭설내리면
너희 다 죽는 거야.

(키높이 구두 신은 경우) 하이힐 신었어? 어서 내려와.

(키높이 구두 신은 경우) 자이로드롭 탔어? 안 어지러워?

너 키 보다 아이큐가 더 높지?

그래 난 키 작아서 겨울에 눈 내리면 봄에 맞는다!
내 키에 보태준거 있어?

땅에서 재면 너가 크지만 하늘에서 재면 내가 더 커.
나폴레옹이 말했지.

하늘에서 키를 재면 자기가 제일 크다고.

11. 배나온 경우

그림자만 10킬로그램 나가겠어.

배를 못 넣으면 가슴을 키우란 말야.
배가 상대적으로 빈약하게 보일 정도로.

단추 튀어나오기 일보직전인데?
배에서 장거리미사일 실험해?

뱃살이 왜 이리 많아?
참치로 태어났더라면 인기 많았겠다!

몸 살 났어? 몸에 살이 왜 이리 많아?

돈을 모아야지. 왜 살을 모아?

몸에 지방이 왜 이리 많아?
충청도, 전라도, 강원도 다 들어가 있네?

배에 그린벨트 묶였어? 왜 발전이 없어?

출렁이는 뱃살 봐라.
상암구장에 대형태극기 올라가는 듯하다.

옆구리에 비상식량이 가득하네.
전쟁 나도 1년은 먹고 살겠어.

널 보니 삶의 무게가 느껴진다.

얘는 가로줄이 왜 이리 많아?

배를 리프팅으로 끌어올려 갑빠 만들어봐.

너 지금 옷이 살을 야금야금 베어 먹고 있는 거 알아?

대박. 이거 인형뽑기 기계 안에서만 볼 수 있는 몸매인데.

니들이 몰라서 그러는데 나 배 장난 아냐.
아침에 일어나면 침대 밑까지 축 쳐져있어.
이불이랑 같이 개 와서 돌돌말아 압박붕대로
감싸고 나와야해.

12. 표정

동공에 지진 났어?
눈동자가 왜 이리 떨려?

표정관리를 포기한 거냐?

너 얼굴 왜 그래?
언제 터질지 모르는 화산 같은데?

애는 무슨 얼굴에도 근육이 있냐.

복수 성공한 검객의 표정이네?

눈에 스프링 넣었어?
왜 이리 튀어나왔어?

얼굴에 시멘트팩하고 나왔어?
왜 이리 굳어있어?

눈에 초점 가출했어?
왜 멍하게 있어? 도롱뇽같잖아.

이건 놀란 토끼눈도 아니고 놀란 왕개구리 눈이네.

13. 목소리

😊 온 세상에 울려 퍼지는
맑고 고운 목소리네.

😊 114 안내직원의 목소리보다
더 상냥하고 예의바른데?

😊 가요계를 뒤엎으려고
작정을 한 목소리네요.

😊 헬륨가스 마셨어?
목소리가 왜 이리 앵앵거려.

14. 성격

와! 멘탈 슈퍼 갑이다!

너의 성격 좀 빌려가고 싶다.

잘 아는 병원이 있는데
성격개조수술 좀 하지 그래?

국어책에 나오던 철수와 영희 중
영희랑 거의 비슷한 성격인데?

얼굴 말고
성격도 좀 화장하고 다니지 그래.

15. 냄새

🙂 오징어 어선 타고 왔어?
냄새가 왜 이리 지독해!

🙂 홍어삼합에 밥 비벼먹었어?
입 냄새 쩌는데!

🙂 이런~ 30년산 암내!

🧑 너에게서 향기가 나.

👩 어떤 향?

🧑 말보루향.

역사 속 유머 한마디

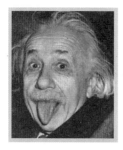

독일 태생의 이론물리학자 아인슈타인

기차 여행 중이던 아인슈타인이 자신의 승차권이 없어졌다는 사실을 알게
되고 놀라자, 마침 승차권을 검사하고 있던 차장이 말했다.

"선생님이 누구신지 잘 압니다. 걱정 마세요."

아인슈타인은 고개를 끄덕이며 고맙다는 표시를 하고는 다시 바닥에 엎드려
좌석 아래를 살폈고, 이를 본 차장이 다시 말했다.

"박사님, 걱정하실 것 없다니까요. 누구신지 잘 알고 있습니다."

그러자 아인슈타인이 말했다.

"내가 누군지는 나도 알아요.
그런데 내가 어디로 가는 길이었는지 모르겠단 말이요."

(喜) 기쁨

04 감정별 언어마술

그대의 마음을 웃음과 기쁨으로 감싸라.

그러면 천 가지 해로움을 막아주고 생명을 연장시켜 줄 것이다.

〈윌리엄 세익스피어〉

16. 인사 및 소개

대한민국이 안기고 싶어하는 남자 1위 OOO입니다.

우수에 찬 남자 OOO입니다. 살면서 **우수상**도 많이 받았습니다.

겨울에 사람들을 끌어 모으는 **난로** 같은 남잡니다.

저만 보면 사람들이 설렌다고 해서 별명이 **예루설렘**입니다.

저는 형을 너무 잘 따라서 별명이 **형광펜**이에요.

저는, 가만히 있으면 **정준호**지만, 입만 열면 **정준하**됩니다.

우리 말 놓을까요? **말 들고 있기** 너무 무거워서요. 하하.

(정말 예쁜 여자를 데리고 온 경우)
이야~ 너 전생에 **지구를 구했냐?**

(지갑에서 주민등록증을 꺼내며)
제가 명함이 다 떨어졌는데 **신분증**이라도 드릴까요?

30살이라고요? 완전 동안이세요. 전 29살로 봤거든요.

(둘 사이 이간질 시킬 때) 얘기 많이 들었습니다. 바이올린 전공하신다고.

네? 아닌데요?

아 죄송해요. 헷갈렸네요. 이 친구랑 동창이라고 하셨죠?

네? 아닌데요??

하하. 그럼 누구~?? 시죠??

(둘 사이 이간질 시킬 때)

모세야? 왜 우릴 갈라놓으려고 해.

어디 살아요?

전 방배동 카페골목 쪽 살아요.

아~ 거기 살아요?

네. 어딘지 아세요?

잘 알죠. 근처에 나무들 있고, 차 몇 대 주차되어 있고,

길가에 쓰레기 종량제 봉투 나와 있고,

편의점도 하나 있었던 걸로 아는데...

(이려할 경우 반응은 크게 두 가지!)

(첫 번째) 에이~~ 농담도. 어딜 가든 그건 다 있는 거죠. 호호.

(두 번째) 어머나! 저희 동네 많이 와보셨나 봐요??

-〉 열 명중 한명은 꼭 이러더군요.

이런 경우엔 오히려 제가 **빵** 터집니다.

17. 센스 또는 끼 있는 사람에게

이 친구 센스 있네?
에센스, 라이센스 다 가지고 있어.

이 친구 끼가 많네?
이끼, 윤끼, 미끼 다 가지고 있어.

센스와 끼를 다량함유하고 계시네요?

이 자식 보통이 아니네~,
완전 곱빼기네!

코감기 걸린 아이처럼 '흥'이 많네.

몸에 센서 달렸나요?
정말 센스있네요!

어디서 끼부리고 있어!

18. 고맙거나 감동받았을 때

아, 눈물로 널 샤워시켜주고 싶다.

감동의 물결이 일본에 쓰나미 일으킬 것 같네.

굉장히 고맙고 감사하고 황송하고 감개무량합니다.

기분이 황홀에서 새벽까지네요.

탱크베리망치!

19. 위기에 대처했을 때

😊 이래봬도 내가

위기모면능력 자격증  소지했다고.

😊 심폐소생술 로 되살아난 것 같다.
심폐소생술

역시 위기는 기회야!

😊 태풍 속에서 성냥불 을 켜다니!

😊 허리케인 속에서 나뭇잎을 긁어모으다니!

20. 아이디어

🙂 놀라운 상상력의 모듬회야.

🙂 좋은 아이디어 없어?

두뇌 rpm속도 좀 올려봐.

🙂 잔대가리 옵션기능 좀 발휘해봐.

🙂 눈사람 만들 듯이
머리를 데굴데굴 굴려봐.

21. 칭찬

정말 똑똑하네. 아인슈타인 우유 먹어?

어이구 잘하네. 이담에 커서 꼭 세계의 중심이 돼야 해.
국, 영, 수 중심으로 하고!

이거 기분이 하늘을 날아가 달 표면에 착륙할 것 같은데?

너무 칭찬해주셔서 위가 더부룩해졌습니다.

우왓! 이건 기술 10점, 예술 10점, 난이도 10점,
작품성 10점 만점! 짝짝!!

굉장히 아카데믹하고, 프로페셔널하고, 소피스티케이트하네요.

아주 기특하고, 착하고, 대견스럽고, 장하고, 훌륭하고, 멋지네~

태초에 엄마 배 속에서부터 "○○"하다 태어났냐? 왜 이리 잘해?

무슨 벌목된 숲이야? '나무'랄 게 없네.

넌 아빠와 딸 관계 같아. '모자'란 게 없어.

연애를 참 잘하네. 연애대상감이야.

이 녀석 실속 있네! 치킨인줄 알았더니 백숙이야! 백숙!

너의 생각은 로마시대 방패 같아.

그게 뭐야?

창의 적이야! 아주 훌륭해!

22. 희망적이거나 기운 날 때

🙂 아싸라비아~

   콜롬비아~

   싸우디아라비아~

🙂 아자! 뻗는 게 희망이고

   솟는 게 기쁨이다.

🙂 기분이 엄마 찾아 삼만리 떠난 것 같아.

🙂 다 죽어가던 희망이 고등어 등짝처럼
   싱싱하게 살아 움직이네.

23. 이쁜 말

신중에 신! 당신을 믿어요!

오늘도 숨 쉬는 만큼 행복하세요.

용 여섯 마리가

로또공 물고 하늘로 승천하는 꿈꾸세요.

행복 만땅! 넣어드릴게요!

오늘 하루도 해 투더 피 하세요!

역사 속 유머 한마디

독일계의 프랑스 의사 · 사상가 · 신학자 · 음악가. 알베르트 슈바이처

슈바이처 박사가 모금 운동을 위해 오랜만에 고향에 들렀다.
그를 보려고 기자와 제자, 수많은 추종자들이 기차역에 모였다.
그러나 기차가 도착하고 아무리 기다려도 박사는 나타나지 않았다.
한참 후, 그가 1등 칸이나 2등 칸에서 나오리라 생각했던
사람들의 예상과는 달리 그는 3등 칸에서 모습을 보였다.
이에 깜짝 놀란 제자들이 물었다.

"아니, 박사님! 1등 칸에 타지 않으셨나요?"
"3등 칸을 탔다네."
"왜요?"
그가 빙그레 웃으며 대답했다.
"이 열차엔 4등 칸이 없더라고."

약한 자를 사랑하는 그의 겸손한 유머 한마디는 우리에게 웃음과 더불어
희망과 용기, 그리고 사랑을 전해주는 듯 하다.

(怒) 노여움

05 감정별 언어마술

웃음과 유머는 뇌를 골고루 자극시키는 오케스트라이다.

〈덕스 박사〉

24. 상대방이 이상한 짓 할 때

😊 야! 114에 신고해!

😊 너 오늘부터 수신거부다.

😊 그러다가 초딩한테 삿대질 당한다.

😊 그건 왕따로 가는 최단코스야.

25. 간볼 때

👤 왜 자꾸 한 스푼 떠보냐?

👤 내가 된장찌개 야?

왜 자꾸 간을 봐?

👤 대형마트 시식코너 왔어?
왜 쿡쿡 찔러보고 다녀!

👤 어디서 가격비교야.

26. 이상하거나 쇼킹한 얘기를 했을 때

이건 무슨 닭 먹고 오리발 내미는 소리야!

그 무슨 맑은 옹달샘 떠 마시고 트름하는 소리야.

그 무슨 샌드위치에서 도라지 튀어나오는 소리냐.

그 무슨 모기 오줌으로 산불 진압하는 소리냐.

그 무슨 보신탕집에서 개 짖는 소리야.

그 무슨 무당이 성경책 펴놓고 방언하는 소리냐.

개풀 뜯어먹다 입 찢어지는 소리하고 앉아있네.

그건 3곱하기 4나누기 2의 값이야.

그게 뭔데?

육값하고 있네.

고스트 씨나락 오픈 짭짭 사운드내고 있내!

그게 무슨 말이냐?

귀신 씨나락 까먹는 소리라고!

27. 한심하거나 개념 없을 때

너는 국가와 사회발전에 해만 끼치는 바이러스 인간이야.

국어랑 산수도 안 배웠냐!
니 주제랑 분수에 맞는 짓을 해라.

언제 철 들래. 포스코 가서 철 좀 들고 와라.

'어쩌다 어른' 보면서 자봐.
일어나보면 '어쩌면 어른' 돼 있을지도.

너는 정자랑 공통점이 하나 있어. 인간되기 참 힘들겠어.

개념 출장 중? 개념 1박 2일 여행 중?

넌 참 잘 생기고, 예의바르고, 똑똑하고,
그랬음 더 좋았을 텐데.

정신을 고물상에 팔았냐? 전당포에 맡겼냐? 아니면 분실했냐?

군대 한 번 더 간다 생각하고 머리 밀고 절에 2년만 있다 와.

이놈을 알기 전엔 먼저 종교를 가져야 될 거다.

왜 이리 문제투성이야! 수능시험지야?

이런 칼슘 부족한 것들.

어머님이 널 낳고 드신 미역국에 들어간
쇠고기의 영혼이 불쌍하다.

28. 목소리 키울 때

29. 쏘아볼 때

눈빛이 강렬한데?

밤하늘에 레이져쑈도 하겠어!

눈에 힘줄 좀 봐! 눈으로 **근력운동** 해?

눈알 뒤집어 까지 마. 신들린 **선무당** 같잖아.

눈빛이 예사롭지 않은데?
무당한테 내림굿 받고 왔어?

눈에 **쌍라이트** 좀 *끄지*. 눈부시다.

두 눈을 뽑아서 **저글링**을 해줄까?

30. 모자라 보일 때

😊 이런 충분하지 않는 놈. 모자란 놈.

😊 넌 머리가 많이 배고프겠다. 도대체 아는 게 없냐.

😊 왜 이리 몰라? 식물인간으로 한 20년 살았어?

🤓 뇌구조가 오스트랄로피테쿠스보다 작은놈아!

🤓 닭대가리, 붕어대가리, 쇠대가리, 돌대가리. 아주 4관왕이네.

🤓 초등학교 야간 나왔어?

🤓 너 우등생이었지? 우겨서 등수 올리는 학생!

🤓 괜찮아. 괜찮아. 무식하고 멍청하고 바보 같은 게 뭐 잘못인가?

😊 이런 아프리카 어느 마을의 센스부족 같은 놈.

😊 생각이 왜 이리도 짧냐. 거의 극세사, 나노미터 수준이야.

😊 애가 갈수록 건망증에서 치매로 발전하네.

😊 너 오줌 싸고서 따로 똥 싸러 가지?

😊 머릿속에 뇌 대신 알탕 들어가 있냐?

😊 넌 DD고 BB야, 답답하고 바보같아

31. 어이가 없을 때

🙂 참나. 기가 막혀
대사가 안 나오네.

🙂 이거 완전 어처구니 부재중인 걸?

🙂 흥부가 기가 막히네
증말~

32. 가지가지 할 때, 막나갈 때

🙂 짱구야? 정말 못 말리겠네.

🙂 망가지고 구겨지고 찌그러져볼까!

🙂 소방관처럼 물불 가리지 마!
인생 뭐 있어!

🙂 인생 뭐 있어?
택시기사처럼 막 달리는 거야!

🙂 난 장님이나 다름없어!
눈에 뵈는 게 없다고!

🙂 난 브레이크 없는 폭주 기관차야!

33. 난리법석 난장판

😊 이런!
개판 4분 59초 전이네!

😊 이판사판 개판 깽판이구나!

😊 이거 완전 윷놀이 판이네!
도를 넘어 개 갔네!

34. 뻔뻔할 때

요즘 No인정 다녀?

왜 인정을 안 해?

동치미 마셨어? 시치미의 1인자네?

지금 배 째라고 모라토리움 선언하는 거야?

여탕 잘 못 들어가서도 당황하지 않을 너다.

이 녀석은 화장실 들어갈 때랑

나올 때 다른 게 아니라,

화장실 들어가서 안 나올 놈이야.

35. 곱사리 끼거나 끼어들 때

🙂 어디서 무임승차하려고 해?

🙂 어디서 새치기야. 번호표 뽑고 기다려.

🙂 어른들 말씀하시는데
어디서 깜빡이도 안 켜고 들어와!

🙂 그냥 나는 벙어리다, 귀머거리다,
장님이다, 생각하고 가만있어.

🙂 고래싸움에 새우 젖 터진다! 끼어들지 마라.

🙂 도마뱀이냐?
말꼬리를 잘라먹게!

36. 꼼수를 부릴 때

37. 찜찜하거나 짜증날 때

🙂 팬티 안 내리고 똥 싼 기분이야.

🙂 군대 가기 하루 전 날 기분이야.

🙂 아, 나 생리할 것 같아.

🙂 이 찜찜함 어떡할 거야.
    평생 따라 다닐 것 같아.

38. 거짓말하다 걸렸을 때

🙂 애는 무슨 365일이 만우절이냐.

🙂 그냥 입술에 침으로 도배를 해라.

🙂 (일부러 능청스럽게 말을 더듬으며)

아, 아, 아냐. 아, 아, 안 그랬어.

(이러면 오히려 상대방이 "이것 봐. 거짓말 맞네.
하하" 웃으며 마무리된다.)

39. 말이 많을 때

목장주인이야?
왜 이리 말이 많아?

(3절까지 갈 때)

길게 가지 좀 말고 치고 빠지라니까.

입에 모터 달았어? 말 더럽게 많네.

거참. 여자 셋 모인거보다 말 많은 놈일세.

말만 많지 제대로 된 말이 하나도 없냐.
스크린 경마장이야?

40. 말장난 할 때

어디서 개드립이야.

어디서 이빨잔치야.

그 말 입 밖에 꺼내지마.

성대위로 올라오게 하지 마.

오버 좀 그만해라.

알았는가, 오버?

41. 재수 없거나 버릇없거나 사악할 때

세 살 버릇 여든 한 살이 돼야 고칠 거냐?

이런 국가대표급 싸가지!
너의 트레이드마크는 싸가지다.

지랄발광 난리브루스윌리스. 아주 호들갑을 떠는구나.

청천벽력 날벼락을 소나기로 맞아도 시원찮을 놈.

너 재수 없어. 꼭 한 번에 대학가야 해.

난 너같이 싸가지 없는 놈한텐 길도 안 물어.

난 너 같은 놈 목욕탕에서 만나면 등도 안 밀어 줘.

개보다 못한 놈은 아니었구나. 개같은 놈으로 해주자.
아니, 개보다 더한 놈으로 해주자.

변기 물세례에도 끄떡없는 거대한 똥 덩어리 같은 놈.

양의 탈을 쓴 하이에나 같은 놈.

너의 정신 상태는 길거리 싸움꾼이야.

그게 뭔데?

병 들었어.

42. 비아냥거릴 때, 염장질 할 때, 열 받을 때

지금 불난 집에 유조차 몰고 돌진하냐?

이마에 **우물정자** 새겨지게 만들지 마라!

나보다 떡만두국 수도 훨씬 적은 놈이 어디서 눈을 부라려?

그 말에 **사시미칼** 보인다.

대일밴드 있어? 날카로운 지적에 찔려 상처 났어.

애가 날 띄엄띄엄 **삼육구**로 보네. 아직 **이사팔**을 못 봤구나?

지금 날 무시해? 나 **무시무시**한 거 몰라?

내 얼굴에 먹으로 **수채화**를 그리는구나.

안 그래도 지구가 돌고 있어 현기증 나는데
너가 날 한 번 더 돌게 만드는구나.

간댕이가 부어서 **에어백**이 됐구나.
좋겠다. 다칠 일이 없어서.

어느 보신탕집에서 굴러온 개뼈다구냐?

불난 집에 가스 틀고 있냐?

뒷동산 이름 모를 무덤의 주인이 되고 싶냐?

이런 인화성 인간! 남의 염장에 불을 질러라!

너 때문에 사람들 열 받아서 지구온난화현상이 생기는 거야.

내 가슴에 사시미로 난도질을 하는 구나.

니가 내 상처에 소금을 뿌리는구나.

지금 내 혈관을 타고 흐르는
이 강렬한 분노가 보이냐?

나 벌통이야. 건들면 날아가!

아. 열 올라와. 손대지 마라. 3도 화상 입는다.

이걸 확 그냥 사골 국에 넣고 끓여버릴 수도 없고!

쓰레기같은 놈.
난지도까지 택배로 보내주마.

43. 약 올려 줄 때

무기징역당하고 장수해라.

한국 귀신들 다 풀 테니 평생 가위눌려 봐라.

너희 집 애완용 개한테 방심하다가 갈기갈기 물려버려라.

퐁퐁으로 머리감고 샴푸로 설거지나 해.

날벼락을 우박으로 맞고
천벌을 소나기로 맞아라.

스티로폼 타고 연못 건너다가 한가운데 가라앉아버려라.

하이힐 신고 마라톤이나 해라!

작두 위에서 헤드스핀이나 해라!

44. 욕

👨 넌 역시 미국과 친한 놈이야. 미친놈.

👨 넌 천재지변이야.

천 번 봐도 재수 없고 지금 봐도 변함없는 놈.

👨 이런 시베리아!

👨 이런 신발~끈도 못 묶는 놈이!

👨 이 타조 뒷 대가리 털 같은 색히!

👨 이런 구구단 9단에 두 번째 색히!

👨 따듯한 밥 먹고 왔는데 욕먹고 싶진 않다.

45. 때려주고 싶을 때

확 그냥 몸을 분해해서 7~8세용 조립식 장난감으로 만들어버리고 싶네!

확 그냥 숲속에 풀어놓고 **사냥**해버리고 싶네.

지금부터 최선을 다해서 잘 맞아볼래?

여기서 파이널매치 열어볼까?

무당이 성경책 펴고 굿 할 때까지 맞아볼래?

청와대에서 **학생모집**할 때까지 맞아볼래?

꽁꽁 얼린 생선대가리로 **빰따구** 맞아볼래?

너 머리카락 탄력 좋아? 한번 세게 잡아당겨도 돼?

조선왕조 500년 동안 곤장을 쳐 맞아도 시원찮을 놈이구나.

국내 최고 고문기술자를 동원해서 고문시키고 싶다.

헌병의 총이라도 **빼앗아**서 시원하게 갈겨주고 싶다.

쥐구멍에 **무지개** 뜰 때까지 맞아볼래?

동해안에 **인어공주 출몰**할 때까지 맞아볼래?

트럼프랑 김정은이 **의형제** 맺을 때까지 맞아볼래?

아주 그냥 364박 365일 동안 맞아볼래?

울릉도 오징어 씹듯이 아주 자근자근 짝짝 씹어버리고 싶다.

이런 초당 100대씩 패주고 싶은 녀석!

온 몸에 파스로 도배해줄까?

안되겠다. 가드올리고 마우스피스 껴!

46. 죽고 싶냐?

밤에 헬멧 쓰고 갑옷 입고 다녀라.

영안실 냉동칸에 처박히고 싶냐?

스스로 무덤에 매트리스를 까는 구나.

니 부고문은 내가 만들어주마.

장례식장 빈소 예약하고 올게.
너 죽으면 보통 몇 명 정도 올까? 특실로 해줘?

오늘이 너의 제삿날이 될지도 모르는데
어젯밤 한그루의 사과나무는 심어됐냐?

오늘 너 죽고 나 만수무강하자.

너 나랑 같은 학교 다녔으면 학교옥상에서 밀어버렸을 거다.

내일 지구가 멸망한다면 오늘 너희 집 쳐들어가 널 없앨 거야.

인생 쓰러지고 싶냐?

넌 죽을 준비 해. 난 밥을 준비할게.

47. 날 뜯어먹으려 할 때

🙂 내가 껌이야? 왜 자꾸 단물 쫙쫙 빨아먹어!

🙂 내가 즉석복권이야? 왜 자꾸 긁어대!

🙂 한의사야?
왜 자꾸 나한테 한방 먹이려 그래!

🙂 코뿔소야? 왜 이리 들이대?

🙂 내가 심심풀이 오징어땅콩이냐?

😎 새발에 피에 적혈구에 헤모글라빈을 빼 먹어라!

😎 아주 내 피를 말려서 달달 털어라!

😎 내가 도마 위에 올려진 생선이냐!

😎 지금 비 오는데 우비 뺏는 거냐?

48. 자기 행동만 옳다고 할 때

🙂 내 똥냄새는 아로마향이고
남 똥냄새는 화생방이야?

🙂 내가 하면 로맨스고 남이 하면 불륜이야?

🙂 형이랑 동생이랑 싸웠는데
동생만 편이 있고 형은 편이 없대.

🤓 그게 뭐야?

🙂 너 참 형편없어.

49. 잘못했다고 빌 때

🙂 바람과 함께 사라져라.

🙂 톰한테 쫓기는 제리처럼
재빠르게 도망쳐라.

🙂 생명선 닳아 없어질 때까지 **싹싹** 빌어라!

🙂 땀똥냄새 난다. 그만 빌어라.

역사 속 유머 한마디

영국 엘리자베스 여왕

독일군의 포격으로 버킹엄 담장이 무너지자,
엘리자베스 여왕은 이렇게 말했다고 한다.

"국민 여러분, 안심하십시오.
독일의 포격 덕분에 그 동안 왕실과
국민 사이를 가로막고 있던 벽이
사라져 버렸습니다."

(哀)슬픔

06 감정별 언어마술

웃음은 두 사람사이의 가장 가까운 거리다.

〈빅터 보르게〉

50. 영화가 재미없을 때

영화 보는 내내 시간가는 줄 아주 잘~ 알고 봤다.

이 영화 아직 안 본 사람? 안 본 눈 살게.

보고 남는 건 팝콘과 콜라 뿐.

하품만 하다가 턱 엇갈리게 되는 영화.

속편 나올까 두렵다.

이건 5~7세를 겨냥한 영화다.

A급 배우와 B급 자본으로 C급 영화를 만든 D급 연출능력.

참을성의 한계에 도달하는 영화.

나의 유머감각과 웃음을 빼앗아간 영화.

여친이랑 이 영화보고 지금 세달 째 연락이 안 되고 있다.

상영 끝나고 바로 환불방법 검색해보는 영화.

나오다가 죄 없는 티켓 알바 멱살 잡을 뻔했다.

돈과 시간의 중요성을 깨닫게 하는 영화.

중간에 그냥 나가는 사람 수 십 명을 보게 하는 영화.

이거 볼 바에는 불교방송 보겠다.

절교하고 싶은 사람과 봐야할 영화.

나도 영화를 만들 수 있을 것 같다는 환상을 심어주는 영화.

끊었던 담배 다시 피게 만드는 영화.

앞자리에서 시야가리는 사람이 고맙게 느껴지는 영화.

시작과 동시에 영화의 엔딩을 기다렸다.

상영 후 5분 안에 낚인 거 눈치 챘다.

최악을 상상해도 그 이하를 보게 될 것이다.

무엇을 상상하든 그런 건 절대 없다.

꿀잠자고 나왔다.

설렁설렁, 대충대충, 얼렁뚱땅 만든 영화다.

내 돈으로 영화표랑 팝콘, 콜라 사주고
이렇게 미안하긴 처음이다.

돈 갈기갈기 찢어서 바람에 날려보는 게 더 짜릿하고
스트레스 풀릴 듯.

🙂 영화 보는 내내 여기저기서 발생하는 희귀한 현상들을 구경하게
하는 영화.

🙂 같이 보러가자 한 친구에게 너무 미안해서 3차까지 사고
모범택시 태워 보냈다.

🙂 나만 당할 순 없다. 니들도 꼭 봐라.

51. 뭔가 들통 나서 민망하거나 창피할 때

🙂 하하. 걸렸어? 티났어? 들켰어?

🙂 나 얼굴에 볼터치 한 거 같지?

🙂 연탄불에 올려놓은 오징어 마냥 온 몸이 배배 꼬인다.

🙂 맨홀 구멍으로 다이빙하고 싶네.

🙂 참으로 중랑구 면목이 없네요.

52. 허무할 때

😐 "오빠, 나 혼전순결이야"라는 말 들었을 때보다
더 허무하다.

😐 99%까지 야동 다운 받고있는 중에 컴퓨터 전원 꺼진 경우다.

😐 이건 10년 동안 칼 갈다가 칼 부러진 경우잖아.

53. 미안할 때

😐 미안하다 사랑한다.

😐 사과의 의미로 장수사과 한 박스 보내줄게.

😐 하늘을 두루마리삼고 바다를 먹물삼아도
이 미안한 마음 다 표현 못 할 듯.

54. 억울할 때

😊 광화문가서 횃불시위 하고 싶다!

😊 생애최초로 흔들고 피박에 멍텅구리에 고도리에 오광에 쓰리고 찬스였는데 화투 하나 없어져 판 나가리 된 경우야.

55. 외로울 때

😊 그래 나 왕따야. 혼자서 오천만 명 따돌리고 있어.
전 국민 따돌려봤어?

😊 외딴섬에 혼자 처박힌 콜라병마냥 외로워.

😊 혼밥, 혼술, 혼일, 혼잠이 내 특기야.

56. 일이 커졌을 때

🙂 콩 볶아 먹으려다가 가마솥 터뜨린 격이다!

🙂 혹 떼려다가 혹 10개 달고 온 격이다.

🙂 늑대 피하려다 호랑이굴로 들어선 셈이다.

57. 의심당할 때

😐 왜 내말을 안 믿지? 너구리가 면빨이 굵다는 걸
꼭 끓여서 보여주기라도 해야 되는 거야?

😐 무슨 의심이 그리 많은지…. 얘는 아마 태양이 동쪽에서 떠오르
는 걸 확인해야만 잠잘 거다.

😐 나 지금 마녀사냥 당하는 거?

😐 이건 주최측의 농간이야!

😐 이건 언론플레이야!

58. 도움이 안될 때

59. 가슴 아플 때

마취 없이 심장 수술한 거 같아.

심장에서 창던지기 한 거 같아.

도저히 언어로 표현할 수 없는 천상의 고통이야.

60. 배고플 때

아 배고파. 뱃가죽이 등가죽에 달라붙었어.

나 배고픔에 유서 쓸 뻔 했어.

61. 썰렁할 때

너 앞에선 에스키모인도 벌벌 떨 거야.

집에 냉장고가 필요 없겠네?

빙하시대를 이룩할 놈.

너의 썰렁함에 히터기도 얼겠어.

집까지 쇼트트랙으로 가야할 거 같아.

가슴에 드라이아이스 묶어 둔 거 같아.

예능이냐? 다큐냐?

내가 인간관계 잘한다 생각했는데 이건 도저히 못 웃겠다.

웃음이 헤픈 나도 웃음을 잃었다. 웃음 실종됐어.

내 웃음 파괴됐어.

어디가 웃음포인트야? 알려주면 크게 웃어줄게.

새댁이 끓인 콩나물국보다 싱거운 놈.

벗었던 외투를 다시 입게 하는 재주가 있네?

이정도면 한파주의보감인데?
내일아침 따뜻하게 입고 나가야겠어.

62. 돈 없는 표현

열심히 살게. 만원만.

요즘 항문 찢어지게 가난하다.

신체포기각서라도 쓰고 싶다.

나 요즘 춥고 배고프고 힘들어. 보릿고개 왔어.

물가는 하늘이랑 부딪히는데 지갑은 썰렁하네.

요즘 장기매매스티커만 눈에 띈다.

누구 돈 좀 있어? 신장, 간장 다 팔게.

돈 뭉치로 날벼락 한번 맞아보고 싶다.

아까 오다가 벤츠 키 주었어. 이제 벤츠만 주우면 돼.

나는 소다, 나는 노예다, 생각하고 평생 일이나 하려고.

(내 지갑의 돈 탐낼 때) 내 노후자금은 건들지 말자.

뭔 세금이 이리도 많아. 부가세, 소득세, 취득세, 재산세,
지방세, 양도세 내고 완전 그지 됐어.

나 절세미남이 되고 싶어.

63. 돈 자랑

내가 준 팁으로 고기집 차린 웨이터도 있어.

우리 엄마, 내 저금통 털어서 제네시스 뽑았어.

조카가 한명 있는데,
내가 준 명절 세뱃돈으로 유럽여행 갔어.

내 월급으로 부루마불 땅 다 살 수 있어.

나 불면증 있는데, 어제 돈세다 잠들었어.

너 금수저? 난 다이아몬드수저야.

(5만원 내밀며) 이게 내 최소단위야.

집에 있는 돈 전부 100원짜리로 바꿔서 동해안에 뿌리면
전 세계 해수면이 올라가.

내가 돈 한번 쓰면 세무서에서 전화가 와.
업무가 마비된다고 돈 좀 작작 쓰라고.

64. 아파보일 때

어디아파? AS 받으러 가야하는 거 아냐?

왜 이렇게 몸에 바이러스가 많아? 병원 가서 포맷 좀 하고 와.

신체기관 총파업 했어? 제구실하는 기능이 안 보이냐.

병원 투어 좀 할래?

65. 머리가 복잡할 때

이마에 뫼비우스 띠 두른 거 같아.

머릿속에 루트, 시그마, 삼각함수 들어가 있는 것 같아.

머리에 지진 났어.

66. 생각이 많은 경우

걱정을 해서 걱정이 없어지면 걱정이 없겠네.

생각이란 생각하면 생각할수록 생각나는 것이 생각이므로

생각하지 않는 생각이 좋은 생각이라 생각한다.

어떤 연구결과에 의하면 인간이 하는 생각 중

불필요한 걱정이 참 많대.

절대로 발생하지 않는 사건에 대한 걱정이 40%,

이미 일어난 사건에 대한 걱정이 30%,

별로 신경 쓸 일이 아닌 작은 것에 대한 걱정이 22%,

우리가 어떻게든 바꿀 수 없는 사건에 대한 걱정이 4%,

우리들이 해결해야 할 진짜 사건에 대한 걱정이 4%

67. 재수가 없을때

김 먹다가 입술 벤 사람보다 재수가 없구나.

멸치 먹다가 꼬리에 입천장 긁힌 사람보다 재수가 없구나.

산낙지 먹다가 입술 뜯긴 사람보다 재수가 없구나.

소화제 먹고 체해서 죽은 사람보다 재수가 없구나.

하품하다 턱 빠진 사람보다 재수가 없구나.

기지개 펴다 갈비뼈 부러진 사람보다 재수가 없구나.

재채기 하다가 갈비뼈 나간 사람보다 재수가 없구나.

방구 끼다가 똥 싼 놈 보다 재수가 없구나.

똥 닦다 팔 꺾인 사람보다 재수가 없구나.

68. 오싹하거나 충격적일 때

윌스미스도 얼굴이 새하얗게 질리겠어.

맨발로 작두 타는 기분이야.

닭살 돋고 털이 물구나무 서.

된장이라 믿고 주물렀던 것이 알고 보니 똥! 이런 느낌?

뇌수가 철철철, 눈알이 덜렁덜렁, 젖이 쭉쭉, 뼈가 우그득,
창자가 뿌지직, 오장육부가 오그라드는 기분이야.

69. 답답하거나 속 터질 때

답답해서 속 터진 만두가 되어버릴 것 같다.

김밥 옆구리 터져서 단무지 튀어나온 느낌이야.

70. 막막하거나 절망적

😊 내 인생은 전 후반 풀로 비극이구나.

😊 이 비극은 셰익스피어의 4대 비극을 능가하겠지?

😊 더 이상 잡을 것이 없다. 이 밤의 끝이라도 잡고 싶다.

😊 어부야? 왜 이리 망치는 걸 좋아해.

　인생 망치고 싶어?

😑 내 앞날은 맑음 > 흐림 > 장마 > 태풍이야.

😑 시계 뒤에 있는 건전지를 빼서라도 시간을 멈추고 싶다.

😑 하수구로 흘러가는 물거품이 되어버린 것 같아.

😑 악어 득실거리는 늪에 가서 반신욕 하고 싶어.

😑 우리 영혼 체인지 좀 하자.

😑 힘들게 산 넘고 바다 건넜더니 사막 나오는 기분이야.

"우리에게 내일은 없다"라고 말한
하루살이의 그 처절한 맘이 와 닿는다.

완전 엎친 데 덮친 격이야. 길 가다 엎어졌더니
지나가는 바쁜 현대인의 구둣발에 죽도록 짓밟힌 경우지.

식인종들이 밥투정할 때 하는 말이 있어.
내가 딱 그 느낌이야.

뭐?

"에이~ 살맛 안 나~"

71. 위로하거나 북돋아줄 때

이 또한 지나가리다.

잘했고, 잘하고 있고, 잘 할 거야.

초심, 중심, 뒷심을 가져봐.

오기, 끈기, 용기를 가져봐.

'되면 한다'가 아니라 '하면 된다'야.

'빚'에 점하나 더하면 '빛'이 되는 거야.

Impossible에 점하나 더하면 I'm possible이 되는 거야.

괜찮아. 일어나. 길이 미끄럽긴 해도 낭떠러지는 아니야.

움츠린 개구리가 멀리 뛴다고 더 멀리 뛰기 위한
준비 자세라 생각해.

지금 장애물에 막힌 게 아니라

장애물 앞에서 실력이 차곡차곡 쌓이고 있는 거야.

풍파가 많을수록 유능한 뱃사공이 된다고,

커서 선장이 되려나봐.

오르막을 올라봐야 내리막이 편한 걸 느낄 수 있는 법이지.

넌 지금 알프스산맥을 올라가고 있는 거야.

신나게 보드타고 내려오는 기분을 만끽하게 될 거야.

역사 속 유머 한마디

독일의 철학자 쇼펜하우어

쇼펜하우어는 대식가로 알려져 있다. 어느 날 쇼펜하우어는 호텔 레스토랑에서 혼자서 2인분의 밥을 먹고 있었다. 옆 테이블에 있던 사람들은 그 광경을 보고 놀라움을 금치 못했다.

"혼자서 2인분의 밥을 먹다니…"

왜냐하면 그 당시 상류 사회에서는
음식을 많이 먹는 사람을 업신여기는 풍조가 있었기 때문이다.
하지만 쇼펜하우어는 당황하지 않고 이렇게 말했다.

"전 늘 2인분의 밥을 먹습니다.
1인분만 먹고 1인분의 생각만 하는 것보다
2인분을 먹고 2인분의 생각을 하는 게 더 나으니까요."

(樂) 즐거움

07 감정별 언어마술

웃음은 전염된다. 웃음은 감염된다.

이 둘은 당신의 건강에 좋다.

〈윌리엄 프라이〉

72. 사회를 맡았을 때

여러분을 뵙기 위해 빨리 와야겠다는 일념으로 비행기를 타고 오는 꿈을 꾸면서 버스를 타고 온 OOO입니다. 반갑습니다.

(조금 늦었을 때) 여러분, 차가 너무 막혀서 늦었네요.
교통부 장관을 대신해서 사과의 말씀드립니다.

(조금 늦었을 때) 여러분, 눈이 너무 많이 와서 늦었네요.
기상청장을 대신해서 사과드립니다.

(조금 늦었을 때) 여러분, 길거리 시위 때문에 늦었네요.
대통령을 대신해서 사과드립니다.

왼손 다섯 손가락을 펴면서 1,2,3,4,5에 '오'를 외치게 하고
오른손을 펴면서 묵, 찌, 빠에 '빠'를 힘차게 외치게 한다.
사회자가 왼손, 오른손을 차례로 펴면 '오빠'를 연호하게 된다.
그럼 꾸벅 인사하며 '감사합니다'라고 한다.

대개 건강한 사람은 10초 동안 박수를 30번 이상 친답니다.
제가 10초를 정확히 재겠습니다. 10초 동안 30번을 못 치시는
분은 비정상이겠지요. 손뼉을 30번 치신 분들은 두 손을 흔들어
주십시오. 준비 시~, 긴장 됩니다.

"준비 시작!"
열렬한 박수소리와 함께 모두 두 손을 흔들기 시작한다.
꾸벅 인사하며 감사하단 말을 한다.

말과 치마는 짧을수록 좋은 겁니다.
제가 오늘 홀라당 벗어보겠습니다.

오늘 가장 사람 같지 않아 보이는 분에게
선물을 드리도록 하겠습니다.

이 중에 혹시 로렉스 시계를 차고 있다, 손들어 보세요.
아! 저기 한 분 계시네요.
오늘 가장 열심히 하는 분께는
저 로렉스 시계를 선물로 드리겠습니다.

오늘 가장 참여를 잘하시는 분께는
선물로 현대백화점... (뜸을 들이며)
에스컬레이터 3개월 무료이용권을 드리겠습니다.
참고로 상행선만입니다.

오늘 MVP에게는
청호나이스 이과수 냉온정수기... (뜸을 들이며)에서
시원한 얼음물 한잔 드리겠습니다.

이 분께는 특별히 이태리제 커피머신기... (뜸을 들이며)
에서 아메리카노 한잔 뽑아드리겠습니다.

오늘 가장 협조를 잘 해주신 분께는 특별히 지펠냉장고를
드리겠습니다.
냉장고는 무료고 배송비만 지급하시면 됩니다.
배송비가...
150만원입니다.

이 문제를 맞추시는 분께는
특별히 제주도 1박2일 여행권을 드립니다.
단, 미국을 경유해서 가야합니다.

이분께는 14박 15일 여행권을 드립니다.
여행지는 중동 아프가니스탄입니다.

이분께는 에버랜드 사파리월드 데이트 이용권을 드리겠습니다.
단, 걸어서 들어가야 합니다.

이번 상품은 에버랜드에서 협찬을 해주셨습니다.
애완견으로 키울 벵갈호랑이 한 마리를 드립니다.

여러분들은 모두 공인이십니다.
다들 공인인증서 가지고 계시잖아요.

73. 웃기려고 할 때

지금부터 배꼽 문단속 잘해라. 가출 못하게.

1초에 웃고, 2초에 배꼽 튀어나오고, 3초에 자지러지고,
4초에 숨막혀죽는 개그를 보여줄까?

웃음 헤픈 애로 만들어줄까?

안 웃기다구? 내 개그는 시한폭탄이라 한참 후에 웃겨.
아마 집에 가서 세수하다 빵 터지고,
자다 일어나서 볼일보다 빵 터질걸?

내가 한번 웃기면 압구정 성형외과 의사들 전화와.

왜?

사람들 배꼽 좀 그만 빼라고.

74. 웃음을 참지 못할 때

푸하하. 넌 웃겨. 웃다가 죽으면 천국 가나?

이 무슨 지나가던 개 배꼽 뒤집힐 일이냐.

웃겨서 대동맥이 부르르 떨린다.

하하. 삐에로도 빵 터지겠어.

초보 제빵사야? 완전 빵 터지네!

엔돌핀이 머리끝까지 치솟는다. 수명 10년은 늘었겠어.

75. 애인이랑 달짝지근할 때

동공에 식초를 뿌려라! 눈꼴 시려 못 봐주겠다.

닭들이 봐도 닭살 튀길 정도로 닭살커플이구나.

너흰 한 쌍의 바퀴벌레보다도 잘 어울린다.

76. 연기를 잘 했을 때

우아~ 베를린영화제 남우주연상감 연기력인데?

송강호가 수강신청 할 연기실력인데?

신내림 받은 연기력인데?

77. 열정적일 때

그 정도의 열정이라면 얼음공장도 불태우겠구나.

나의 열정에 디어도 책임 못 진다!

열정 봐라. 젖은 장작도 태우겠구나.

꺼질 줄 모르는 번개탄 불처럼 열기가 대단하다.

제 열정을 1.5톤 트럭으로 쏟아 붓고 싶습니다.

열정이 많네. 열정재벌이야.

이 바닥에 뼈를 묻겠어.

78. 말을 잘할 때

방언 터졌어?

말솜씨가 청산유수인데요~?

참기름을 친 듯한 매끄러운 말솜씨구나.

주둥아리만 살아서 물에 가라앉지는 않겠다.

79. 내자랑, 잘난 척

난 탈모 같은 남자야.
나에게서 '헤어'나올 수 없어.

내 매력엔 출구가 없어. 한번 빠져들면 헤어나갈 수 없지.

나한테서 센스 빼면 몸무게 10킬로그램 빠져.

내가 우리회사 비쥬얼 담당이야.

내가 화 한번 냈다하면 최홍만도 바지 자크에 녹슬어.

이 세상 여자들 술만 먹으면 내 생각에 얼굴 빨개지지.

내 촉 한번 믿어봐. 인생을 촉으로 살아왔거든.

(곤충이 주변을 맴돌 때) 역시 곤충이 꽃을 알아보는구나.

나도 멋질 때가 있어. 눈부신 햇살을 역광으로 받을 때...

나 이래봬도 국가대표야. 옷 벗으면 태극마크 문신 있다고.

싸인으로 등에 문신 새겨줄까?

내가 전철 타면 아줌마들도 나한테 자리 양보해.

니들이 자꾸 날 깎아내리는데 난 깎아내릴수록 정교해지는
조각상이야.

내가 눈길 한번 발사하면 반경 100M이내에 있는 여자들은
모두 그 자리에서 거품 물고 쓰러진다구.

내 얼굴 때문에 동남아시아 관광객들 많이 늘었어.
문화관광부에서 표창도 받았다고.

예전엔 살인미소로 여자들 많이 쓰러뜨렸는데
지금은 찰과상밖에 못 입히고 있어. 많이 늙었나봐.

나 따라 다니는 여자들 줄 세우면 전라도 땅 끝 마을까지 간다?

내가 옆에 있어서 너가 상대적으로 못생겨 보이겠다.
너도 꽤 괜찮은 편인데.

연예인 중에 누가 제일 잘 생겼어? 정우성?
내 얼굴 10년간 줘 패면 그 얼굴 돼.

난 자격증이 참 많아.
주민등록증, 운전면허증, 불면증, 기억상실증, 우울증, 조울증.

100만불짜리 살인미소와 200만불짜리 눈웃음,
그리고 300만불짜리 보조개로 벌써 얼굴에서만 600만불
먹고 들어가잖아.

톱스타 싸인 10장 받아와야 내 싸인 교환해갈 수 있어.

내 오빠부대로 유엔군과 싸워도 이길걸?

회사가면 내 밑에 200명 정도는 있어

정말?

회사가 13층이거든.

내가 이래봬도 춤실력 끝내주거든?
왼팔에서 오른팔까지 각기를 120번 끊을 수 있어. 보여줘?

한 번 해봐.

아, 요즘 관절이 아파서 다음에 보여줄게.

80. 야한 얘기

인터넷 동영상만 나오면 바지 자크부터 내리지?

너 스펨메일로 모든 욕구 충족하지?

너 야동 파일 이름만 보고 그짓 하지?

너 맨날 몸다방 손양 불러 그 짓 하지?

너 탁탁탁 해결하려고

세계문화유산을 탐방하러 다니냐?

하루살이도 니 올챙이들보다는 오래 살 거야.

81. 각종 모임

우리의 우정은 초딩 콧물처럼 끈끈하잖아.

여기 물이 왜 이래. 수질개선이 필요한데.

지금부터 수다콘서트 개최해보자.

너네 왜 이리 서로 띄어줘?? 계약서 쓰고 들어왔어?

(진지한 대화할 때) 야야. 심도 깊은 대화는 수심 2000m밑에 내려가서 풍선장어랑 하고 오늘은 즐거운 대화나 하자.

(자리 비웠다 올 때) 뒤통수에 꽤 많은 화살을 맞은 것 같네.

경마장이냐? 우린 만나면 말다툼이네.

나도 좀 말할 기회를 줘. 실종된 내 대화 좀 찾아볼게.

(돈 걸을 때, 번호 6개 적어주며) 세금 떼고 10억이야.
남는 건 다 가져.

여기서 너를 x라 하고 너를 y라고 할 때, $x+y$의 값은?
뭔데?

꼴값! 니들 제발 꼴값 좀 그만 떨어.

넌 한 대 맞고, 난 네 대 맞았어. 이게 뭔지 알아?
뭔데?

세대차이. 우리 세대차이 난다.

역사 속 유머 한마디

미국의 산업자본가 앤드류 카네기

카네기가 어렸을 때의 이야기다.

어머니와 함께 과일가게를 간 그는 가만히 서서 딸기를 뚫어져라 쳐다보자,

주인 할아버지는 한 움큼 집어 먹어도 된다고 말했다.

그런데 카네기는 계속 딸기를 쳐다보고만 있자, 할아버지가 자기 손으로 한

움큼 집어 주었다.

가게를 나오자 어머니가 조용히 물었다.

"애야, 그 할아버지가 집어 먹으라고 할 때 왜 안 집어 먹었니?"

카네기가 말했다.

"엄마, 내 손은 작고 그 할아버지 손은 크잖아요."

08 상황별 언어마술

유머감각이 없는 사람은 스프링이 없는 마차와 같다.

길 위의 모든 조약돌마다 삐걱거린다.

〈헨리 와드비쳐〉

82. 내 몸을 만지작거릴 때

어디다 지문 🌀 을 묻혀!

왜 그래? 급소 찾아?

왜 내 몸에 더블 클릭질이야.

껌딱지마냥 왜 이리 들러붙어?

난 장난감이야. 맘대로 가지고 놀다가 제자리에만 갖다 둬.
팔다리 분리시키지 말구.

83. 몸부림칠 때

소금물 속에 미꾸라지처럼 왜이래?

쥐약 먹었어? 왜 이리 파르르 떨어?

84. 앞서나가려 할 때

🙂 이런 김칫국 미식가 같은 놈.

🙂 쇼트트랙 해? 왜 자꾸 치고나가.

85. 뒷북 칠 때

🙂 사또 떠난 뒤에 나팔 📣 부냐?

🙂 전공이 뒷북이야?

86. 반복되는 말이나 행동을 할 때

재탕에 리필에 사골 국  끓여먹어?

무슨 보리차야 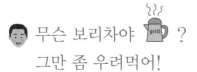 ?
그만 좀 우려먹어!

87. 말을 질질 끌 때

리어커야?  왜 이리 질질 끌어?

밥솥 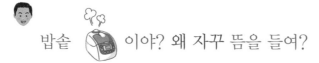 이야? 왜 자꾸 뜸을 들여?

88. 성의 없게 답했을 때

무슨 검찰 조사받아?
대답이 왜 이렇게 단답형이야. 네. 아니오.

이 영혼 없는 말투. 영혼 가출했어?

(상대방이 "그냥"이라고 답하면)
임마! 대한민국에서 가장 성의 없는 대답 1위가
"그냥"이야.

89. 가식적일 때

방송용 대사는 싫다.

너 말은 다 긴급뉴스야.
엄청 속보여~

90. 피곤할 때

😊 눈썹 위에 아령 🏋 올려둔 것 같아.

😊 피곤한 것 같은데 가서 인형 눈 좀 붙이고와.

😄 졸려? 팔팔 끓는 라면국물에 세수 한번 할래?

😄 약 먹은 닭 마냥 꾸벅꾸벅 조냐. 밤에 대리운전 해?

😊 다크서클로 바닥 쓸고 다니려 그래?

😊 눈에 셔터가 반쯤 내려왔네요.

91. 할 말을 잃었을 때

😊 대사 잃었어?

😊 입이 얼어붙었냐?

😄 입이 열 한 개라도 할 말이 없다.

😄 묵비권 행사할게.

92. 요행을 바랄 때

🙂 하늘을 봐야 별을 따지.

🙂 너의 행동은 벽에 망치질하기 일보직전이야. 그럼 못 써.

🙂 이거 도둑놈이네.

최소한 복권은 사고 당첨되길 바래야 할 거 아냐.

93. 눈치가 빠르거나 예리할 때

🙂 이런 무당 같은 놈! 아예 작두를 타시지.

🙂 내가 눈치 12단 아니냐.

내 눈치가 빛보다 빠르다는 연구결과도 나왔더라.

🙂 눈썰미가 장난 아니네. 눈썹이랑 같이 다듬고 다녀?

94. 군대 얘기할 때

😊 내가 군대에 있을 때 우리나라 국방력이 제일 취약했던 거 알아?

😊 왜 군대가 다시 그리워지는 걸까? 그렇다고 누가 나한테
군대가라고 막 떠밀면 그 손모가지 잘라버릴 거다.

😊 나 이래봬도 전차부대 나왔어.

😊 우아!

😊 전용차로 단속반.

😊 자랑 안하려했는데 난 UDT 나왔어.

😊 정말??

😊 우리 동네 특공대!

95. 방구 뀌었을 때

🙂 지금 이 소리는. 큰창자 작곡, 작은창자 작사,
십이지장이 노래하는 그 소리?

🙂 윽 방구냄새 쩐다.
아마 이 분야에도 상이 있었다면 노벨상감이야.

96. 화장실 볼일 보는 중 전화가 왔을 때

어디냐?

배아파도 변소군 힘주면 나오리에 있다.

그게 어딘데.

화장실. 임마!

97. 땀을 많이 흘릴 때

8월의 삼복더위라도 먹었냐?

몸에 스프링클러 터졌어?

땀으로 메이크업했어?

98. 침 튀겼을 때

(상대방이 무안하도록 얼굴을 닦는 척 한다)
방금 비왔냐?

(세수하는 척하며) 폼클랜징 있어?

입속에 자동분사기 있어? 매 분마다 뿌려대네!

어디서 침으로 영역표시하고 있어.

99. 아빠, 엄마에게 부탁할 때

날 위해 오~랜 시간 아껴주시고, 보살펴주시고, 믿어주시고,

희생해주시고, 위로해주시고, 가르쳐주시고,

사랑해주신 어마마마?

앞으로 심청이의 마음으로 효도할 테니

이번 한번만… 플리즈..

100. 약속시간에 늦었을 때

안 들려? 밑에 딸랑 소리 나도록 달리는 거?

지금 인간탄환이 되어 날아가는 중이야!

교통신호, 교통법규, 교통경찰 다 무시하고 달리는 중이야!

밀림을 질주하는 치타 처럼 달려가고 있어!

달리다가 속도방지턱에 걸려 10미터 고공비행 했어!

101. 문신이 심한 사람을 봤을 때

문신 봐라. 호랑이 저리가란데?

겨우 그 정도도 문신이라고. 적어도 용이 팔에서부터 시작해서

배를 두 바퀴 징징감고 다시 가슴으로 올라와 여의주를

물고 근두운과 함께 하늘로 승천하는 정도가 문신이지.

102. 느끼할 때

🙂 이런 느끼표!

🙂 버터 300g에 치즈 20장에 삼겹살 기름 원샷 한 것 같다.

🙂 식용유 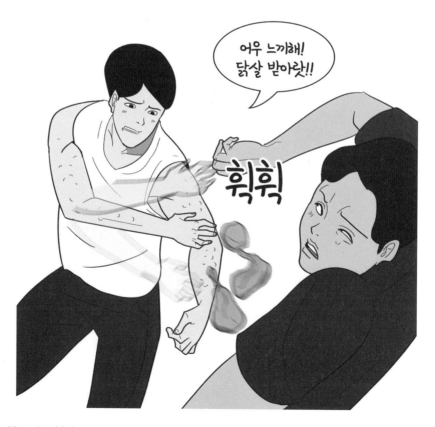에 밥 비벼서 치즈에 싸먹어도

이렇게 느끼하진 않겠다.

103. 생활력 있을 때

104. 뭔가 대결을 요구할 때

도저히 너한테 질 자신이 없어.

진정한 무림의 고수가 애들 싸움에 칼 빼는 거 봤어?

황소 잡는 칼을 겨우 병아리 잡는데 쓰라고?

집념이 대단하구나. 승부욕 염색체라도 유전 받았냐?

내가 재채기만 해도 움찔하는 것이 감히!

지금 한국전력 앞에서 촛불 들고 대항하는 거냐?

지금 달걀로 만리장성 치기냐.

105. 우린 안 맞아

너랑 나는 뒤섞일 수 없는 물과 기름인가보다.

너랑 나랑은 영원한 톰과 제리다.

106. 상대방 띄어주고 깎아내릴 때

이게 자꾸 당근먹이고 채찍질하네.

왜 자꾸 적셨다 말렸다 그래.

널뛰기하는 것도 아니고 왜 자꾸 나를 들었다 났다 그래?

넌 정말 대통령감이야.

정말?

근데.... 바로 탄핵감이야.

107. 나한테 상대가 안 될 때

난 모자라서  항상 니 머리위에 있어. 까불지 마.

너는 나한테 양말 같은 존재야.
아무리 기어 올라와봐야 내 발목이야.

넌 나에게 감기몸살 같은 존재야. 아마 추워!

이게 바로 메이저리그와 마이너리그의 차이다.

넌 나에게 마약중독자야. 너 약해.

펭귄 앞에서
정장 자랑해?

꽃게 앞에서
가위 자랑해?

108. 안 어울릴 때

한국 민속촌에서 에스에프 공상영화 찍는 거 같아.

교회 가서 목탁 두들기는 경우잖아.

사랑과 전쟁 불륜남 김씨가 남우주연상 받는 느낌이야.

해물탕에서 삼겹살 튀어나오는 경우야.

109. 똥쟁이를 봤을 때

🙂 너 하루에 쾌변타임 너무 많이 갖는 거 아냐?

🙂 항문을 꽉 쪼여! 놈들이 공격하지 못하게끔 배수진을 치고!
시도때도 없이 압박을 가하란 말야!!

(농구장에서 작전타임 때 감독님의 흥분한 말처럼)

110. 날씨

정말 화창하다. 북쪽으로 있는 건물과 산들을 도미노처럼
싹 밀어버리면 백두산도 보일 것 같은데?

밖에 비와? 이런 비와이씨~!

비가 추적추적 내리네.
이렇게 비가 한 시간 동안 내리면 뭐가 되는지 알아?

뭔데?

추적60분

111. 다이어트한다고 할 때

🙂 다이어트하기로 마음먹었으면 마음만 먹어야지!
왜 자꾸 다른 걸 먹어!

🙂 행복하게 먹고 자기체면 걸면 칼로리 0인거 알지?

🙂 당장 치킨과 피자를 시켜먹어.
그리고 그대로 눕는 거야.
그리고 손가락하나 까닥 않고 그대로 아침까지 자는 거야.

112. 집이 더러울 때

집에 도둑 들었어?

집이 왜 이리 더러워. 먼지 수집해?

바퀴벌레들이 너 방에서 의식주 해결 하고 있지?

엄청난 국방비 예산을 써가며

바퀴벌레, 쥐랑 대치중이야.

113. 집이 정리정돈 잘 되어있을 때

집에 인공로봇 파출부 있어?

우아~ 여기서 전시회라도 열어?

가구들이 가지런히 정리되어있는 것 좀 봐.
군기가 바짝 들어있는데?

114. 자세가 불량한 경우

슈퍼맨이야?
어디서 건방지게 팔장을 끼고 있어.

골반 틀어졌어?
어디서 짝다리 짚고 있어.

몸에 지진 났어?
왜 자꾸 다리를 떨어대.

115. 이런 적 처음

머리 털 나고 처음이야.

호적에 잉크마른 후로 처음이야.

탯줄 끊은 이후로 이런 일은 처음.

포경수술이후로 처음 있는 일이야.

116. 도찐개찐

물에 빠진 놈이 비 좀 맞는다고 뭐가 달라지나?

삐까삐까 막상막하 쌍벽을 이루네.

강남역에서부터 역삼역까지네.

그게 뭔데?

거기서 거기라고.

117. 쉬운 일

손바닥 뒤집기보다 쉬운 일이야.

사이다 마시고 트름하는 것보다 쉬운 일이야.

보리밥 먹고 방구 끼는 것보다 쉬운 일이야.

그건 나한테 누워서 떡 먹고 후식으로 사라다 먹는 일이야.

118. 변명

🙂 두 번 다시 안 하겠다고 하늘에 맹세했었지만
그 때의 하늘과 오늘의 하늘은 분명 다른 하늘이잖아.

🙂 이번엔 진짜야. 태극기 앞에 굳게 다짐했어.

🙂 너가 내 여자야? 왜 자꾸 부인하려해?

119. 불면증

🙂 요즘 잠을 들 수가 없어. 잠이 너무 무거워.

🙂 나 군밤 장수인가 봐.
요즘 계속 밤새고 있어.

120. 담배

너 담배 끊는 거 보다 통일이 빨리 될 걸?

킥킥. 숨을 담배로 쉬나.

왜 자꾸 나한테 담배 빌려?
내가 무슨 한국담배인삼공사 사장 아들인줄 알아?

예전엔 담배 끊으면 독종이었지만 이제는 담배 안 끊으면
독종이라네. 이젠 흡연자가 설 자리가 없어.

피우지를 말든가! 끊는다고 말하지를 말든가!!

121. 그것 없는 이것은?

검색창 없는 네이버

마이크 없는 노래방

마우스 없는 컴퓨터

부킹 없는 나이트

페달 없는 자전거

유재석 없는 무한도전

얼음 빠진 아이스 아메리카노

122. 맛

🙂 뒤꿈치 치켜들고 포도 알 따먹는 것처럼 달콤하다.

🙂 이야~ 둘이 먹다 삼천궁녀가 죽어도 모를
천상천하의 맛인데?

🙂 완전 혀르가즘 느낀다.

🙂 오랜만에 위가 힐링되는 느낌이야.

🙂 와! 최고의 맛이야! 박수 칠 뻔했어.

123. 자동차

내 자가용은 너무 작아용.

이래봬도 후진으로 서울한바퀴 돌고 올 수 있는 운전 실력이라고.

과태료 용지 모아서 백과사전 만드는 게 내 취미거든.
차만 끌고 나갔다 하면 야외촬영하고 싶은 충동에 시달려.

아씨, 또 앵꼬났어!
누가 기름이라도 빨아먹나?

쪽쪽

제 차는 기름을 장난아니게 먹어요.
차 시동만 걸면 트렁크에 누워있던 애들이
벌떡 일어나서 빨대로 쪽쪽 빨아 마시는 것 같아요

124. 순서 바꾸어 말하기

🙂 사이다에서 냉장고 좀 꺼내올래?

🙂 햄버거 가서 맥도널드 먹을까?

🙂 팝콘 보면서 영화 먹을래?

🙂 통장 가서 은행 만들어와~

🙂 바람 닫아라. 문 들어온다.

🙂 하늘로 손바닥을 가릴 순 없어.

🙂 이거 완전 절 받고 엎드리기네.

🙂 대답하고 나면 질문해.

125. 상대방 불편하게 만드는 장난스러운 말

상대에게 돈을 빌려줄 때

정말.. 괜찮은 거야?

괜찮아. 난 지금 마이너스통장 5천만원 대출 있고
차 할부도 아직 못 갚고 있고
얼마 전 자동차랑 집이랑 압류딱지 붙었는데 어떻게든 되겠지
나보다 너가 더 급한 거 같으니까 부담갖지 말고 맘 편히 써.
요즘 은행이랑 카드사 독촉전화 받느라
좀 짜증나긴 한데 뭐 죽기야 하겠어.
괜찮아. 괜찮아. 천천히 갚아.

내가 먹기 싫은 메뉴를 먹자고 했을 때

오빠! 닭발 먹자! 괜찮지?

하핫

괜찮아. 너 먹고 싶다면 그걸로 먹자.
난 닭발만 먹으면 몸에 알레르기 생기고
오바이트도 가끔 하고 오는데 난 신경 쓰지
말고 오늘 너 먹고 싶은 걸로 먹어.
만약에 오바이트 올라오면 손가락으로
밀어 넣으면서 꾹 참고 견뎌볼게.
정말 신경 쓰지 마.
난 괜찮아.

126. 줄임말

알고팔무 시켜버릴 거야.

알고팔무? 그게 뭐야?

알몸으로 고속도로 8차선을 무단횡단하게 할 거야.

새보벽후 해주겠어.

새보벽후? 그게 뭐야?

새해 첫날 보신각종 후려치듯 벽에다가 머리통을 후려쳐주겠어.

인코목둘 해주겠어.

인코목둘? 그게 뭐야?

인도에서 코브라 한 마리 가져와 목에다가 둘둘 감아주겠어.

친구야. 오일끝너 하자.

오일끝너? 그게 뭐야?

오늘 일차부터 끝까지 너가 다 쏘는 거야!

나소한잘. 부탁해.

나소한잘? 그게 뭐야?

나~ 소개팅 한번만~ 잘할게.

원세녀사 하겠어.

원세녀사? 그게 뭔데?

원숭이가 타자를 쳐서 세익스피어의 작품을 만들 때까지
너만을 사랑하겠어.

역사 속 유머 한마디

미국 제16대 대통령 에이브러햄 링컨

링컨은 얼굴이 못생기기로도 유명했지만 그는 '유머'로도 유명했다.
상원의원 선거 때 있었던 일이다.
합동 유세장에서 먼저 연단에 올라간 더글러스가 링컨에게 인신공격을 하였다.

"링컨후보는 아주 교활하고 두 얼굴을 가진 이중인격자입니다!"

그 말을 들은 링컨은 대수롭지 않다는 듯 침착하게 말했다.

"여러분! 제가 또 하나의 얼굴을 가지고 있다면 오늘처럼 중요한 날,
이 못생긴 얼굴을 가지고 나왔겠습니까!"

청중들은 박장대소하며, "링컨!! 링컨!!"을 외쳤고 선거결과는 예상대로 링
컨에게 절대 다수의 표가 몰려 무난히 당선되었다.

09 각종 언어마술

내가 웃지 않고 살았으면 이미 나는 죽었다.
여러분도 웃음이라는 보약을 복용해보라.
〈에이브러햄 링컨〉

얼굴 리프팅 자주 할 때

(잠수 타고 왔을 때) 내년 장마 때 잠수교에 꽁꽁 묶어줄까?

(하루 종일 잘 때) 무슨 신생아 수준으로 잠을 자냐.

(둔할 때) 십 년 쓴 부엌칼처럼 무딘 놈!

(뭔가 마시라고 줄 때) 여기다가 약 타거나, 침 뱉은 거 아니지?

(누군가 갑자기 아야, 할 때)
어디 안 다친 거 아니지? 피 안 나는 거 아니지?

(맞먹을 때) 요즘 먹을 게 없어? 왜 나한테 맞먹으려고 그래.

(제과점에서 케익 살 때) 여기 축복도 주세요. (폭죽)

(악필일 때) 이야~ 한글로도 필기체가 가능하구나?

(돈에 환장할 때)
돈에 눈이 멀어 공양미 삼백 석이 필요할 정도로구나.

(누가 먹을 거나 선물을 줄 경우) 이런.. 뇌물을 다 주시고...

(먹을 거 포장해왔을 때) 이런 싸가지~ 고 오신 분.

(입맛 다실 때) 변기 물 내려? 왜 자꾸 침을 꿀꺽꿀꺽 삼켜?

(상대방이 귀여울 때 아기 대하듯) 엄마가 좋아? 아빠가 좋아? 까꿍!
엄!마! 해봐~

(안 하던 행동을 할 때) 죽을 때가 되면 안 하던 짓을 한 다더니,
수명이 얼마 남지 않았구나?

(선물 달라할 때) 나한테 선물 받는 건 어린이날 산타할아버지한테 선물 받기보다 힘든 일이야.

(맘에 새길 때) 그 말씀, 좌심방 좌심실에 고이 간직하겠습니다.

(오픈마인드일 때) 완전 편의점 마인드네. 365일 오픈마인드야.

(회의에 늦었을 때) 버스 뒷자리에 앉아서 좀 늦었습니다. 다음부턴 앞자리에 앉도록 하겠습니다.

(회의에 늦었을 때) 전철 맨 뒤 칸에 타서 좀 늦었습니다. 다음부턴 앞 칸에 타겠습니다.

(가족 팔아먹으며 빠질 때) 걔는 맨날 결혼식에 장례식이냐. 벌써 할머니 세 번 죽이고, 삼촌 결혼 네 번 시킨 거 알아?

(멀리 왔을 때) 여기 왜 이렇게 멀어? 아까 출발할 땐 동안이었는데 여기 오면서 늙었어.

(여자가 그리울 때) 요즘 외할머니 친구들이 그렇게 이뻐 보여.

(일거양득) 도랑 치고 가재 잡고, 누이 좋고 매부 좋고, 꿩 먹고 알 먹고 털로 이불까지 만드네.

(소개팅 다녀와서) 목소리 예뻐서 만났는데 얼굴 보니까 완전 보이스피싱 당했어.

(운 좋았을 때) 운수대통령이네!

(부끄럼 탈 때) 부끄럼 타지 말고 미끄럼 타.

(크게 한숨 쉴 때) 깜짝이야. 태풍 온 줄 알았네.

(끈질길 때) 라텍스 고무장갑보다 질긴 놈!

(불러할때) 기억 1도 안나. 기억상실중이야.

(뜨거울 때, 노래 부르며) 앗뜨거! 앗뜨거! 주님의 사랑~♪♪~

(꼭 숨기고 말을 안할때) 자물쇠야? 좀 풀어봐라.

(비흡연자가 숨차서 헉헉, 거릴때) 그러게 담배 좀 끊어.

(헉헉, 힘들어할때) 산소호흡기 줄까?

(엎드려있을때) 자는 척이냐. 죽은 척이냐.

(푹 쳐져있을때) 오뉴월 엿가락 늘어지듯 왜 퍼져있고 그래.

(아무도 모르게 몰래) 쥐도 새도 모르게, 며느리도 모르게,
오른손도 모르게 해야 해.

(말을 안 들을때) 말이 말 같냐?

(그동안 즐거웠다) 즐거웠었었었....어.

(거리감 느껴질때) 넌 나에게 말 더럽게 안 듣는
이등병 같은 존재야. 더 이상 상관 안할래.

(하기 싫을때) 국민의 4대의무가 추가됐냐! 내가 왜 해!

(돈 빌려 달라할때) 주민등록등본이랑, 인감증명서랑, 임대차계
약서랑, 재직증명서랑, 가족관계증명서랑, 고등학교 생활기
록부랑, 건강검진기록부 가지고 오면 빌려줄게.

(돈 빌려 달라할 때) 상환기일 10일이다. 그때까지 안 주면 그 날이 너의 기일이 될 거야.

(돈 아까울 때) 돈이 너무 불쌍해. 돈한테 첨으로 미안했어.

(간섭받을 때) 나 간섭받는 거 싫어. 자유무역주의야.

(확인사살 할 때) 암살자냐? 저격수냐?

(신비주의로 갈 때) 베일에 싸인 5월의 신부야?

(학력을 물을 때) 낙성대 나왔냐? 청와대 나왔냐? k대 나왔다고?? 군대??

(자꾸 귀찮게 물어볼 때) 네이년(네이버)한테 물어봐.

(날 엮으려고 할 때) 어디다가 낚시 바늘 투척이야.

(겉만 번지르르할 때) 빛 좋은 개살구야. 까보면 알맹이 요만해.

(모르는 사람에게 난처해졌을 때) 소데쓰까?

(새로 산 옷이 인기 좋을 때) 이야~ 오픈빨 죽이는데?

(어떤 장소에 대해 말할 때) 그곳이 알고 싶다.

(급할 때) 무브무브! 허리업!!

(급할 때) 어서 서둘러! 몸을 크게크게 움직여봐!

(옷에서 털이 빠질 때) 요즘 스트레스 많이 받아?
어떻게 옷에서도 털이 빠지냐.

(눈물이 많을 때) 초상집 상주야? 왜 이리 잘 울어?
눈에 나이아가라 폭포 있어?

(윗사람만 바라볼 때) 무슨 내시경이야? 위만 바라보냐?

(눈이 삐었을 때) 눈 삐었냐? 눈에 파스 붙여라!

(머리가 튼튼할 때) 이런 무쇠철통 전설의 핵대가리.
머리로 못도 박겠다.

(대출전화 받았을 때) 집에 돈 많은데 제가 대출해드리면 안될까요?

(약속할 때) 약속도장카피복사~!

(커피를 자주 마실 때) 넌, 젖 짜면 원두커피 나올 거야.

(냉정할 때) 넌, 쿡 찌르면 피 대신 눈꽃빙수 나올 거야.

(미쳤냐?) 니가 도를 넘어 레를 넘어 드디어 미쳤구나.

(도움을 줄 때) 내가 구원투수가 되어주마.

(뭔가를 거래할 때) 우리 공정거래 하자.

(지하 깊이 내려갈 때) 무슨 유적 발굴하러 가는 거야?

(콧노랄라 신났을 때) 스머프야? 왜 이리 흥얼대?

(당황스러울 때) 군에서 사격하다 탄피 잃어버린 기분이야.

(아이폰 불만있을 때) 그니까 아이폰 쓰지말고 어른폰 쓰라고!

(힘 내라고 할 때) 그동안 비축해 온 젖 먹던 힘을 발휘해봐.

(몸이 근질근질할 때) 온 동네 초인종 누르고 튈까?

(힘든 일을 시킬 때) 차라리 병아리한테 알을 품으라고 해라.

(선택이 좋았을때) 베리베리! 굿~ 쵸이스!

(일이 척척 풀릴때) 고스톱에서 뒷패 딱딱 맞는 기분이네!

(명절 때 아이들에게 차례대로 용돈을 주고 난 후)
돈 받을 때 기분 좋았지? 기분 냈으니 이제 다시 걷을게.
자, 한명씩 도로 줘.

(확률) 확률은 반반. 양념 반 후라이드 반. 물 반 고기 반.

(가위바위보에서 졌을 때) 난 확률에 저주받았어.

(여기저기 잘 돌아다닐 때)
동에 번쩍 서에 번쩍! 요즘 **대동여지도** 만들러 다녀?

(생일이라고 할때) 축하해! 내 생일 때 썼던 **케익 초** 좀 빌려줄까?

(분위기 심각할때) 여기 분위기 왜이래. 스릴러 찍어?

(통성명 한 후에) 저.. 혹시.. **주민등록번호**가 어떻게 되세요?

(숲로 달릴때) 그렇게 매일 달리다가 다음 생애 말로 태어난다?

지금은 고객감동이 아닌 고객졸도시대야.

그 의미가 심장에 팍팍 꽂히는 게 의미심장하네.

너 이제 '빼박못'이야. 빼도 박도 못해.

밀물 썰물이야? 치고 빠지는 게 예술인데?

아주 그냥 성난 백인처럼 조지고 부시네.

얘는 백과사전 읽고도 감동 받는 애야.

다 떡이 되고 밥이 되고 피가 되고 살이 되는 거야.

서울대의 자음 "ㅅ, ㅇ, ㄷ"이 바로 술, 여자, 도박을 멀리해야 들어갈 수 있다는 표현이야. 넌 어렵겠어.

실패는 성공의 어머니고, 모방은 창조의 어머니인데, 도대체 아버지들은 뭐하는 거야?

이건 호프집에서 한 두 시간 안주거리로 충분한 소재거리다.

얘는 무슨 강아지마냥 맨날 졸졸 따라다녀?

이미 깨진 달걀이고, 떠나버린 버스고, 엎질러진 물이야.

검은고양이 네로처럼 사뿐사뿐 침입해서 구렁이 담 넘어가듯 조용히 넘어가자고.

딱 1초의 차이로 서부총잡이는 죽는다고!

뭐든 첫 시작은 두려움 반, 설레임 반이야.

"너 이리와!" 하면 내가 가야되는데 왜 너가 오고 그래?

본받을만한 훌륭한 나쁜 짓이야.

내려올 거 왜 올라가. 쌀 거 왜 먹어. 말 놓을 거 왜 존대말 써.

나도 교회 매년 2번은 나가. 부활절과 크리스마스.

아기다리고기다리던 그날이구나.

삼단논법과 육하원칙의 근거해서 기승전결로 얘기해봐.

여보세요? 용건만 간단히 길게길게 자세히 말해봐.

한 번에 하면 금메달, 두 번째는 은메달, 세 번째는 동메달.. 네 번째에도 못하면 목메달이다? 목매달고 죽는 거야!

축하해. 앞으로 그 고생길에 레드카펫 깔아줄게.

여기서 ARS찬스 써도 돼?

부러우면 지는 거다?

모범생이었나봐? 학교 -〉 집 -〉 도서관. 학교 -〉 집 -〉 도서관. 가끔 가다 학교 -〉 집 -〉 도서관 -〉 경찰서 맞지?

남중 -〉 남고 -〉 공대 -〉 군대 -〉 중공업 회사 입사한 남자보다 불쌍하다.

자, NG없이 한 번에 가자! 잘할 수 있지?

간에 붙었다, 쓸개에 붙었다, 여기저기 달라붙는 양면테이프야?

어젯밤에 크레파스 사 오신 다정한 아빠의 모습으로 살고 싶어.

죽음과 세금은 피할 수 없어.

조물주보다 위대한 게 건물주야.

삶은..... 계란이야.

적어라 적어. 적자생존도 몰라?

여기 왜 이리 시끄러워? 오늘 한일전 축구해?

코고는 소리가 무슨 오케스트라 이중 합창하는 것 같냐.

앞으로 술, 담배 하지 말고...... 담배, 술 하세요.

발음이 왜이래. 자, 따라해 봐. "중앙청 창창살 철창살 쇠창살"

웃자고 한 말에 죽자고 달려들면 어쩌란 거지?

채찍 말고 당근 좀 주면 안 돼?

나 어제 완전 뜨거운 밤 보냈어.

정말? 누구랑?

실수로 전기장판 7단까지 해두고 잤어.

이거 웃기지?

하나도 웃겨.

그게 모야?

전혀 웃기다고.

웃기다는 거야? 안 웃기다는 거야?

결코 웃기다고.

그 행동은 왕이 궁궐에 들어가기 싫어할 때 쓰는 말인데?

그게 뭔데?

궁시렁궁시렁.

너 오늘 나 때문에 로또 맞은 줄 알아.

겨우 이정도로?

5등 맞았다고.

이거 유명브랜드야. DDM이라고.

그게 몬데?

동대문이라구 임마.

모두가 "예"라고 답할 때, 난 "아니오"라고 외칠 수 있는 용기가 있다고. 심지어 선생님이 출석부를 때도 난 "아니오!"를 외쳤어!

(머리 나쁘다고 놀릴 때)
이봐! 너희들! 내 머리가 자꾸 붕어대가리라고 놀리는데!

좋아! 닭이 아닌 붕어랑 비교해준 건 그나마 고마워.

근데 내가 붕어처럼 기억력이 3초라는 걸 재봤어?

그리고 말이야. 너희들이 내 기억력이 3초라고 말하는데 재봤어?

잠깐.. 또 뭐였더라.

아! 그리고 말이야! 너희들이 내 기억력이 3초라고 말하는데 시간 재봤어?

음.. 할 얘기가 또 있었는데... 어.. 맞다! 너희들이 내 기억력이 3초라고 말하는데 시간 재봤어? 재봤냐고?

역사 속 유머 한마디

네덜란드 출신의 프랑스 화가. 빈센트 반 고흐

어떤 사람이 고흐에게 물었다.

"돈이 없어서 모델 구하기가 힘드시다고요?"

"하나 구했어."

"누구요?"

"나."

"네??"

"나 요즘 자화상 그려."

10 메신저 대화

SNS에서는 실제 만나서 대화하는 것보다
재미난 표현을 하기가 유리하다.
충분히 생각 후 답할 수 있으니 말이다.
위에 나온 언어마술 문장들을 먼저 카톡으로 활용해보길 권한다.
표정, 목소리, 말투는 신경 쓰지 않아도 되니 한결 편할 것이다.
그리고 자신감을 쌓을 수 있는 최고의 훈련이 될 것이다.
아래 내용들은 카톡으로 대화할 때 흔히들 오가는 대화 내용만 골라 모았다.
요즘 재미난 이모티콘들이 상당히 많은데
어울리는 이모티콘과 함께 써먹으면 꿩먹고 알먹고가 된다.

아! 뭔데 그래! 빨리 좀 말해봐!

야. 그만 좀 궁금해 해라.
호기심더듬이가 우리 집 초인종 더듬고 있다.

아.. 졸려죽겠어

주변에서 가장 날카롭고 뾰족한 걸 찾아봐.
그리고는 그걸로 허벅지를 사정없이 찌르는 거야.

나 먼저 잘게...

좋은 꿈 꾸고 자장 잘장~
그 꿈에 내가 있길 바래.

만나서 뭐할까?

알콜 콜??

너 지금 ○○에 있지?

내 몸에 칩 심어뒀어?
그걸 어떻게 알았어?

너 지금 ○○하고 있지?

우리 집에 cctv설치해뒀어?
어떻게 알았지?

짜잔! 이거 귀엽지?

이모티콘 부자네?
여기다가 연봉 쏟아 부어?

요즘 운동해?

응. 수영 끊어두고 열심히⋯
못나가고 있어.

언제 도착해!

10분 후 강남 착륙시도!
활주로 점검바람!!

왜 이리 안 와!

지금 엄청난 도움닫기로 공기 사이를
초고속으로 질주하고 있어!

부지런히 갈게^^

게으르게 와도 돼.

좀 늦을 듯ㅠ

내가 이래도 되나싶을 정도로
천천히 오세요^^

이거 선물이야. 먹어^^

고마워. 앞으로 이거 먹을 때마다
너한테 감사기도 드릴게.

혼자 좋은 곳 가서 좋겠다. 피~

걱정 마. 내가 지금 여기 와서 도대체 뭐하는 건가
싶을 정도로 재미없게 보내고 올게.

조심히 들어가고 잘 자~

응. 집 들어갈 때 문턱에 닿지 않게 조심히
잘 들어가서 침대에 다치지 않게 잘 눕고 베게에
인체공학적인 각도로 머리 잘 기대고 大자로
두발 가지런히 잘 뻗어 드르렁드르렁~
세상 무너져도 모를 정도로 푹~ 잘게.
너도 잘 자~^^

씻고 잘 자~

응. 너도 화장 잘 지우고, 옷 잘 벗고, 잘 씻고,
옷 다시 잘 입고, 스킨로션 잘 챙겨 바르고,
물 한 컵 벌컥벌컥 마신 후, 침대에 가지런히 누워
행복한 꿈꾸며 푹 잘 자~^^

제가 그리로 갈게요~

고마워요. 이따가 오실 때 레드카펫 깔아두고
비둘기 떼 훨훨 날려드릴게요.

나 잘했지? 이쁘지?

기특하고 이쁘네.
만나면 목마도 태워주고 업어도 주고
번쩍 높이 들어줄게.

왜 재미없어?

방콕 파타야섬의 파도처럼 밀려드는
이 지루함은 뭐지?

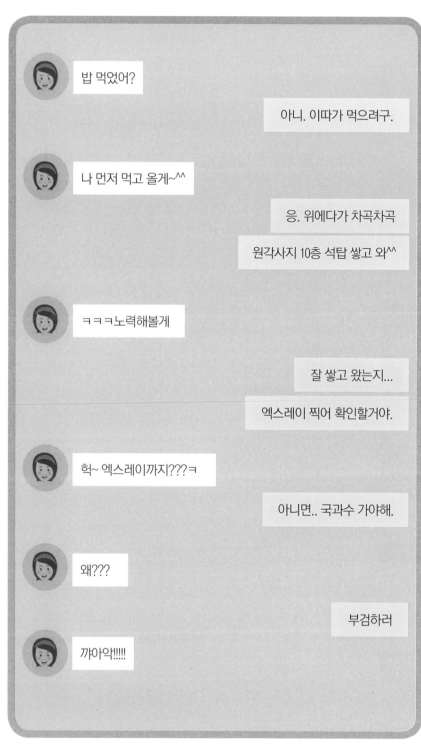

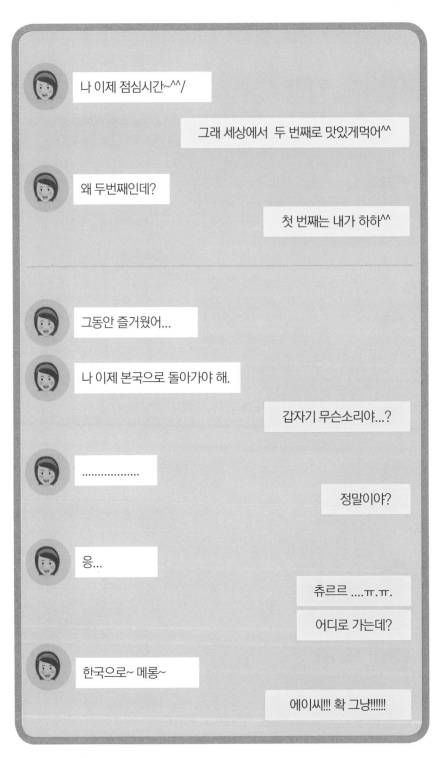

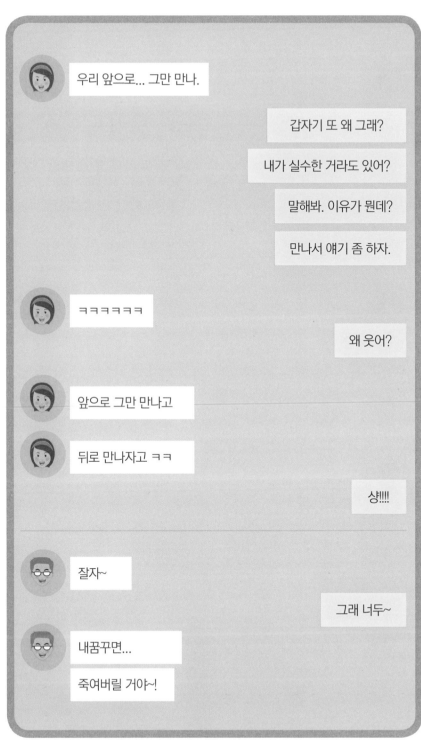

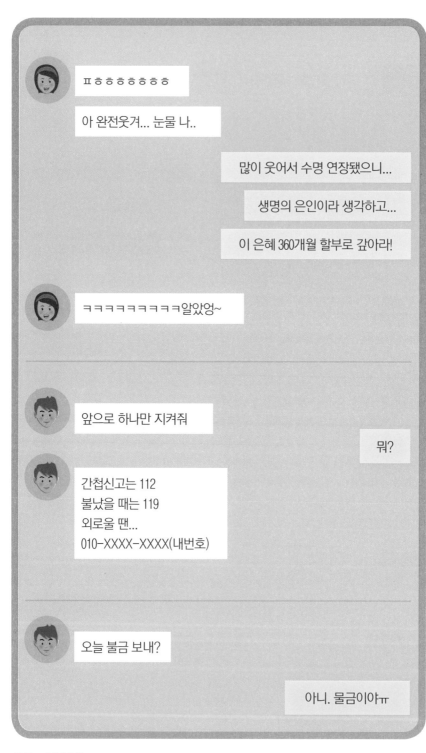

ㅍㅎㅎㅎㅎㅎㅎㅎ

아 완전웃겨... 눈물 나..

많이 웃어서 수명 연장됐으니...

생명의 은인이라 생각하고...

이 은혜 360개월 할부로 갚아라!

ㅋㅋㅋㅋㅋㅋㅋㅋㅋㅋ알았엉~

앞으로 하나만 지켜줘

뭐?

간첩신고는 112
불났을 때는 119
외로울 땐...
010-XXXX-XXXX(내번호)

오늘 불금 보내?

아니. 물금이야ㅠ

말 잘들었으니 상 줄게

와우~~신난다!!

뭐 주게???

 현대백화점 ...

현대백화점에서 뭐?

화장품? 향수? 명품?

 엘리베이터 무료이용권

쳇! 모야

 올라가는 것만 가능해

내려오는 건 안돼!

쳇! 둘 다 안탈거야!

 점심 맛나게 먹어

맛점! 즐점! 꿀점! 행점해!

역사 속 유머 한마디

미국 시인. 로버트 프로스트

〈가지 않는 길〉이라는 유명한 시를 지은 로버트 프로스트는 어느 파티에서 그와 함께 초대받은 손님들과 함께 베란다에서 일몰을 보고 있었다.
젊은 여성이 감탄하며 프로스트에게 다가와 말했다.

"일몰이 정말 멋지지 않나요?"

프로스트가 대답했다.

"미안합니다. 전 저녁 먹은 후에는 비즈니스 애기 안 해요."

로버트 프로스트는 미국 최대의 국민적 시인으로 퓰리처상을 4회 수상했다.

11 언어마술 트레이닝

지금까지 언어마술에 대해 살펴보았다.
이미 알고 있는 내용도 많았을 거고,
무릎을 탁 치며 '아하! 요거 한번 써먹어봐야지!'했던 내용도
다소 있었으리라 생각한다.
너무 많은 걸 머리에 담으려 하진 마라. 과부하 걸려 머리에 쥐나고 만다.
나도 이 많은 걸 다 기억하며 살진 않는다.
버릴 건 과감히 버리고 쓸 만한 것만 주워 담아라.
이 많은 것들 중에 10%만 기억하고 써먹을 수 있다면 분명 성공한 거다.
게다가 상황에 맞게끔 응용까지 할 수 있다면 더할 나위없다.
한 상황에만 국한하지 말고 여러 상황에 매칭과 응용을 해라.
이해를 돕기 위해 다음 문장들을 조금씩 변형해보겠다.

눈에 힘주는 짓은 화장실 가서나 하라고.

"눈에 힘주는 건 변기에 앉아서나 하는 거야."

"눈에 핏줄선 것 봐. 바지에 싼 거 아냐?"

"화장실 마려워? 눈 튀어나오겠어."

"눈에 힘 좀 봐. 눈으로 아령도 들겠어."

"동공에 똥 보인다. 빨리 갔다 와."

생명선 닳아 없어지도록 싹싹 빌어봐!

"생명선 닳도록 쓰다듬어주고 싶네."

"파리야? 왜 이리 싹싹 빌고 그래? 이러다 손금 바뀌겠어."

"그렇게 추워? 자꾸 손 비비면 생명선 없어진다."

"그만 비벼라. 닭똥 냄새 난다."

"생명선 닳아 없어지는 날까지 너만을 사랑할게."

"하도 박수를 많이 쳐서 생명선이 없어졌어."

이렇게 자꾸 응용을 하다보면 나름대로 법칙이 보이게 된다.

그 법칙만 잘 활용한다면 많은 방법으로 언어마술을 부릴 수가 있다.

몇 가지 방법들을 살펴보자.

✳ 발음의 유사성을 활용한 방법

"아주 온 사방이 사방샤방하구나."

"그게 살인미소냐. 살인미수지!"

✳ 단어의 뜻을 다른 식으로 해석한 방법

"몸에 지방이 왜 이리 많아? 충청도, 전라도, 강원도 다 들어있네?"

✳ 어울리지 않는 단어의 조합을 이루는 방법

"그 무슨 청와대에서 대학가요제하는 소리냐."

✳ 말의 배치를 바꾼 방법

개그콘서트에서 인기 있었던 내용이다.

"장난 지금 나랑 하냐?"

✳ 반대로 창작하는 방법

"난 해발 1000미터 개그야." 〈––〉 "난 지하 암반수. 땅속에 묻힌 개그야."

＊ 동음이의어를 통해 중의적 표현을 만들어내는 방법

별 볼일 없다.

　-> 해석1. "너에게 별 볼일 없다."

　-> 해석2. "하늘에 별 볼일 없다."

"어부야? 왜 이리 망치는 걸 좋아해. 인생 망치고 싶어?"

"참 지적으로 생겼네? 선생님한테 지적 많이 당했지?"

여러 방법들에 의해 평범한 문장을 재미나게 표현할 수 있다.
이번엔 좀 더 깊숙이 들어가서 어떤 식으로 문장을 추리해나가
는지 알아보자.
하나의 주제를 정하고 문장이 완성되기까지의 과정을 그려보겠다.

언어마술 추리과정

1. 주제 : 스님

스님이 뭘 하면 웃길까.

일단 스님이랑 안 어울리는 게 뭐지?

스님은 술이랑 안 어울리니 '술자리'가 좋겠군.

그럼 그냥 호프집은 밋밋하니까 어디가 좋을까?

그래. 기왕 보내는 거 '나이트'로 보내자.

그렇다면 스님이 나이트에서 뭘 하면 다들 놀랄까?

아하! 각기 춤!

이렇게 해서 만들어진 마술.

"스님이 국빈관에서 각기 춤으로 상금 100만원 타는 소리냐."

2. 주제 : 새발에 피

새발에 피라는 말이 있다.

이보다 좀 더 세밀하게 들어가고 싶은데 뭐가 있을까?

피보다 더 작은 단위....

아, 적혈구.

그렇다면 적혈구 안에는 뭐가 있을까?

아, 헤모글라빈.

이렇게 해서 만들어진 마술.

"새발에 피에 적혈구에 헤모글라빈을 빼 먹어라!"

3. 주제 : 간디

간디하면 떠오르는 것 중 하나가 비폭력주의자다.

그렇다면 폭력과 연관어를 찾으면 좋을 듯하다.

폭력과 밀접한 관계가 있는 사람은 조폭이다.

그럼 간디랑 조폭이랑 한 판 붙게 하면 재미날 것 같은데..

좀 더 재밌게 꾸미고 싶다.

상대를 17명으로 하면 간디가 엄청 싸움꾼처럼 보일 것만 같다.

이렇게 해서 만들어진 마술.

"그 무슨 비폭력주의자 간디가

조폭이랑 십칠대 일로 맞장 뜨는 소리냐."

〈Exercise〉

위 예시들을 보니 별 어려움이 없는 것 같다.
하고 싶은 말을 떠올려보고 그 앞이나 뒤에 어울리지 않는 단어들을 껴
맞춰보는 연습을 하면 된다.

이번엔 직접 발상전환 연습을 하며 문장 만드는 연습을 해보자.
막상 해보면 두뇌회전에도 좋고 정말 재밌다.
하나의 주제를 제시해보겠다.

주제 : 해병대

먼저, 해병대하면 떠오르는 연상단어들을 나열해봐라.

연상단어: 귀신, 빨간 명찰, 무적, 고무보트, 팔각모, 군기, 해변,
전우회, 박력, 철인 등

잠시 책을 내려두고 1분정도 눈을 감고서 문장을 하나 떠올려보자.
·······
·······

자, 생각했는가?

필자도 지금 생각해본 문장들을 나열해보겠다.
우리 같이 한 번 비교해보자.

> "귀신 잡는 해병대도 나는 못 잡는다."
>
> "해병대한테 끌려가서 그동안 잡은 귀신들한테
> 평생 가위나 눌려라."
>
> "이 자식 걷는 각도가 예술인데? 해병대 몇 기냐?"
>
> "너 해병대가 아니라 해변대 나왔지?"

이런 식으로 계속 훈련을 해라.
점차 언어마술 실력이 업그레이드 될 것이다.

그러나 중요한 게 있다.
대중이 쉽게 이해하고 공감할 줄 알아야 한다는 것이다.
그것이 언어마술의 첫 번째 전제조건임을 절대 잊어선 안 된다.
한 번 튀어보겠다고 지나치게 자극적인 말을 하거나, 남들이 쉽게 이해할
수 없는 말을 내뱉는다면, 사람들에게 공감은커녕 도리어 불쾌감을 줄 수
도 있으니 주의해야 할 것이다.

chapter 2

예능장착

두 번째, 예능창작편이다.

다재다능한 사람은 어떤 사람인가?
외모는 물론이고 성격도 좋고, 똑똑하고, 노래도 잘하고,
춤도 잘 추고, 운동도 잘하고, 유머러스한 사람을 떠올리게 될 것이다.

그러나 사람은 완벽할 수 없다. 바다를 가른 모세도 말더듬이였다.
우린 완벽하지 않기 때문에 더 많은 능력을 가지려고 애를 쓴다.
멋진 몸매를 만들기 위해 휘트니스를 오가고, 춤을 잘 추기 위해
댄스학원을 다니고, 자격증을 따기 위해 학원을 등록한다.
이 중 우리는 어떤 분야에 관심을 가지고 있는가?
아마도 유머감각을 키우려 노력하고 있는 것이 분명한 것 같다.
그런 이상, 우리가 남에게 유머만큼은 뒤지지 말아야 한다.

언어마술만 제대로 사용해도 어디 가서 나름 재미난 사람이
될 순 있겠지만 그것만으로는 왠지 부족한듯하다.
뭔가가 빠진 싱거운 된장찌개라고나 할까?
둘이 먹다 셋이 죽어도 모를 천상천하의 된장찌개 맛을
연출하고 싶다면 조금만 더 양념들을 쳐보도록 하자.

언어마술이 국어였다면 이제부터는
영어, 수학, 과학 등을 순서대로 학습해보겠다.

1. 장난꾸러기 행동

간단한 행동으로 상대방에게 재미와 웃음을 선사할 수 있다.

오랜만에 만난 지인과 악수를 하는 경우.

악수를 하고보니 상대방이 다래끼가 있거나,
감기기운이 있다거나, 뭔가 불쾌할 경우,
악수를 하자마자 이런 행동을 취하라.

"라이터 좀 있어?"

친구의 라이터를 건네받아 불을 켜고서
불을 째듯 손을 앞뒤로 열심히 소독한다.

"잠깐, 소독 좀 하고."

그럼 주변에 있는 사람들 빵 터지고 말 것이다.

술자리에서 아랫사람이 먼저 일어나며 간다고 할 때.

"저, 죄송하지만 먼저 좀 들어가 보겠습니다."
"잠깐만. 이리와 봐."

자켓 안쪽주머니 또는 바지 주머니에서 마치 지갑을 꺼내는 듯한 시늉을 한다.
주변인들은 '아, 차비 쥐어주려고 하는구나'라고 생각하며 시선이 집중된다.
가려던 직원도 내심 기대하며 멈칫 서있다.

엉뚱하게 핸드폰을 꺼내들며 말한다.

"나가면서 이것 좀 카운터에 충전시켜줘."

생각지 못한 반전에 주변사람들 빵 터진다.

커피숍 또는 식당에서 나올 때

근처에 멋진 외제차가 보인다.
"야, 타."

자연스럽게 외제차에 다가가며 핸드폰으로 리모콘 마냥 버튼을 눌러댄다.
"뽕뽕"
차 문을 여는 제스츄어까지 취한다.

문이 열리지 않는 걸 알아챈 상대방은 당황하며 말한다.
"어우~ 뭐야? 난 또 진짜인줄 알았잖아. 호호."
"아, 이 차 아니었구나. 똑같이 생겼길래. 하하."

무거운 짐을 들고 친구와 함께 길을 걸을 때

갑자기 걸음을 멈추고 자신의 신발을 내려보며 친구에게 말한다.

"앗, 잠깐만 이것 좀 들어줘볼래?"

친구는 아무 의심없이 자연스럽게 무거운 짐을 건네받을 거다.
그럼 잠깐 앉아서 운동화 끈을 다시 묶는 척 한다.
그리고는 일어나자마자 앞으로 힘차게 걸어 나간다.

"자, 가자!"
무거운 짐을 들고있는 친구는 멀어져가는 나를 어이없이 바라볼 거다.
"야, 야! 뭐야! 아이씨 속았어~!"

지나가다 강아지를 봤을 때

"저 강아지 내 말 잘 듣는다?"

"정말?"

"잘 봐."

강아지가 가만히 앉아있으면,

"너 거기 그대로 앉아있어! 계속 그대로 있어!"

멍멍 짖으면, "짖어! 계속 짖어!"

짖는 걸 멈추면, "짖지 마! 그래 아주 잘했어!"

다른 곳을 쳐다보면, "(그쪽을 가리키며) 저기 쳐다봐!"

꼬리를 흔들면, "꼬리 흔들어! 그래 잘하네! 계속 흔들어!"

강아지의 행동을 보며 뒤쫓아 명령하면 된다.

2. 로맨틱한 행동

여자친구나 호감가는 이성의 생일날.

리본 줄을 사서 몸에다가 이쁘게 리본을 묶은 후, 외투나 잠바로 보이지
않게 가리고 나간다.
생일파티를 하고나서 준비한 선물을 건네준 다음 말한다.

"오늘 특별한 선물이 하나 더 있어."
"뭔데?"

궁금해 하는 순간, 짜안~ 하며 외투를 훌쩍 벗는다.

"자, 선물이야! 가져!"
"풋. 이건 또 언제 준비했대?"
"어서 리본 풀어봐. 바로 너꺼 되는 거야."

잔잔한 웃음과 감동이 연출될 것이다.

좋아하는 이성과 키스하기. 로맨틱 버전

이성과 함께 길을 걷다가 갑자기 탄성을 지르며 눈을 막 비빈다.

"앗!!"

"어머, 오빠 왜 그래? 눈에 뭐 들어갔어?"

"아앗, 뭐가 들어갔는데 떠지지가 않아.."

눈을 막 비비면서 괴로워하는 표정을 짓는다.

"호~ 불어줘 볼래?"

"응, 잠깐만."

여자친구가 까치발을 들고 눈 쪽으로 입술을 갖다 대며 '호~ 호~'하는 그 때다.

완전 무방비로 입술을 내밀고 있는 그녀에게 기습적으로 뽀뽀를 시도한다.

"읍!"

(단, 나를 좋아하는 이성한테만 해라. 그렇지 않은 경우엔 성추행으로 은팔찌 차고서 국립호텔로 끌려간다.)

좋아하는 이성과 키스하기. 능청떨기 버전

순간, 뭔가가 생각났다는 듯이 말한다.

나: 참. 지혜야. 오빠 입술 안대고 뽀뽀하는 방법 안다?

여친: 뭐? 그게 말이 돼? 어떻게 입술을 안 대고 뽀뽀를 해?

나: 정말이라니까? 안 믿기지? 그럼 우리 내기할까?

여친: 무슨 내기?

나: (자신감 있는 목소리로) 내가 지면 오만원 줄게!!

여친: 어라? 완전 자신만만해하네? 좋았어. 한 번 해봐.

나: 그럼 눈 감아봐. 절대 눈뜨면 안 돼.

여친: 자. 감았어.

드디어 때가 왔다.

여친의 입술에다가 기습 뽀뽀해버린다.

여친: 뭐야! 뭐야! 입술 안 닿는다면서!

이 때 굉장히 억울하다는 표정으로 말한다.

나: 내가졌다. 자. 5만원. 아. 잘 안되네~~ (능청 떨기)

좋아하는 이성과 키스하기. 막무가내 버전

시기: 추운 겨울

준비사항: 지퍼달린 외투나 코트잠바를 입고 나간다.

함께 길을 걷다가 멈춰서며 말해라.

"많이 춥지? 난 몸에 열이 많아 괜찮으니까 오빠가 옷 벗어줄게."

설령 안 춥다고 하더라도 감기 걸리면 안 된다고 걱정해주며 코트잠바를
벗어 여자의 몸에 걸쳐준다.
여기서 주의할 사항은 팔을 넣으면 안 된다는 것.
그렇게 옷을 걸쳐준 상태에서 지퍼를 목 밑까지 쭈욱, 올려준다.
자. 이제 여자는 무방비상태가 되었다.
로맨틱하게 다가가서 아름다운 키스를 퍼 부어라.

3. 한 대 때려주고 싶을 때

가끔 얄미운 사람을 한 대 쥐어박고 싶을 때가 있다.
진짜로 때렸다간 싸움 날거고 뭔가 좋은 방법이 없을까?
이럴 때 자연스럽게 써먹어봐라.

첫 번째.

갑자기 자신의 손목을 코로 갖다 대며 향수냄새를 맡는 척 한다.

나: 흠! 흠! 향수냄새가 왜 이러지?

친구: 왜?

나: 이상한 냄새가 나서. 이거 어떤지 향 좀 맡아볼래?

자연스럽게 친구의 코 쪽으로 손목을 갖다 댄다. 친구가 킁킁, 향을 맡으
려고 할 때 기다렸다는 듯 주먹으로 이마를 퍽! 때린다.

친구: 아야! 속았다!

두 번째.

나: 지금 내 기분이 어떤지 알아?

친구: 어떤데?

나: 가르쳐줄테니 잘 들어.

어떤 사람이 바다에 가서 "바다야~! 사랑한다!!" 라고 외쳤어.

마침 거대한 파도가 오고 있었던 거야.

파도가 뭐라 그랬는지 알아?

친구: 뭐라고?

나: (상대방 따귀를 때리며) 철썩~!!!!

4. 바보 만들기

아이큐 테스트

팔을 앞으로 쫙 펴 보라면서 먼저 행동으로 보여준다.

상대방이 나를 따라 양팔을 앞으로 쫙 내밀면 따라해 보라며 천천히 한 번, 두 번, 세 번을 같이 접었다 편다.

이렇게 총 3번을 반복하고 나면 팔을 쫙 편 상태에서 그대로 뒤집으라고 한다.

그리고는 문제를 낸다.

"자, 그 상태로 방금처럼 똑같이 접어봐."

여기서 대부분 멈칫하며 꼼짝 못하고 팔만 무심코 내려보게 된다.

그러면서 상대방이 하는 말,

"이걸 어떻게 접어?" 하면서 팔을 내리거나,

"내가 로봇이야?" 하면서 팔을 내리거나 한다.

그럼 직접 내가 팔을 거꾸로 쫙 뻗은 다음 이렇게 접는 모습을 보여준다.

"자, 되잖아. 이것도 못해?"

그럼 다들 신기하다는 듯 빵 터지며 따라해 본다.

"어라? 정말 되네?"

생각한 수 맞추기

이번엔 독자에게 문제를 내보겠다.

지금 마음속으로 가장 좋아하는 숫자 하나를 생각해봐라.

생각했다면 그 생각한 수에서 3을 더해라.

거기서 다시 5를 더해라.

거기서 이번엔 1을 빼라.

마지막으로, 남은 수에서 처음에 생각했었던 수를 빼라.

자, 지금 남은 수를 내가 맞춰보겠다.

놀라지 마라.

남은 수는....

..........7이다.

"이럴 수가. 어떻게 맞췄지?"라며 놀라는 독자도 있을 거다.

아니면, "에이~ 이거 무조건 7이 나오게끔 공식이 있는 거 아냐?"라고 의심할 수도 있을 거다.

그러나 매번 7이 나오는 건 아니다.

남은 수는 내가 의도하는 대로 매번 바뀌게 할 수 있다.

공식을 알고 나면 너무나 간단하다.

상대방이 어떤 수를 생각했든 마지막에 그 생각했던 수를 빼라고 하기 때문에 결국 생각한 수는 '0'이 된다.

그렇다면 내가 불러주는 공식만 잘 계산하면 그것이 정답이 되는 셈이다.

내가 공식을 어떻게 만들어 가느냐에 따라 마지막 숫자는 변하게 될 것이다.

알고 보니 너무나 간단하지 않은가?

지금 누군가에게 한번 써먹어봐라.

손목당기기

이성간에 써먹으면 재밌을 듯하다.

상대방에게 말한다.

"내가 재밌는 거 보여줄게. 여기 내 손목 살 잡아 당겨봐."

"이렇게?"

"자. 지금 절벽에서 떨어지려다가 이렇게 내 살을 겨우 잡게 된 거야. 이
걸 놓치면 넌 떨어져 죽는 거야. 나한테 살려달라고 애원해봐."

"살려줘~ 살려줘~ 살려주세요~"

이 순간, 오른손으로 내 안쪽 손목 살을 잡아당기며 말한다.

"잘 가~"

그럼 상대방은 어이없게 손목 살을 놓치며 낭떨어지로 떨어지게 된다.

(여러가지 상황을 만들어 연출하면 좋을 듯하다.)

열 받게 하기

상대방에게 손바닥을 펴보이게 한다.

중지손가락에 펜으로 웃는 얼굴을 그려준다. ^‿^

그리고는 이 얼굴을 열 받게 해보라고 한다.

그럼 자신의 손바닥을 한참동안 내려보며 반대 손으로 쪼물락 쪼물락 손가락을 꼬집어 볼 것이다.

결국 모르겠다며 포기하는 상대방에게 친절하게 말한다.

나: 자, 잘 봐.

그리고는 양손을 이용해 상대방 중지손가락 아랫부분부터 피가 안통하게 쫙 쪼이며 올라간다.

그러면 상대방 중지손가락이 새빨개지면서 얼굴부분이 완전 닳아 오를 것이다.

나: 하하. 보여? 열 받아서 얼굴 빨개진거.

그 빨개진 얼굴표정을 보며 귀엽다는 듯 깔깔깔 웃게 될 것이다.

청개구리

상대방에게 '청개구리'를 빠르게 10번 외쳐보라고 한다.

"청개구리, 청개구리, 청개구리, 청개구리, 청개구리, 청개구리...."

10번이 끝나면 바로 이어서 질문을 해라.

"심청전에서 장독대를 막아준 동물은?"

"두꺼비!! 내가 청개구리라 할 줄 알았지?"

"바보야! 심청전에는 그런 이야기 없는데~!"

벙어리와 장님

"벙어리가 슈퍼에서 칫솔 달라고 할 때 어떻게 할까?"

"이렇게, 어부부 손으로 양치하는 척하겠지."

"그럼 장님이 지팡이 살 때는 어떻게 할까?"

"그야 이렇게 손으로 더듬더듬하면서 지팡이 짚는 척 하겠지."

"바보야. 그냥 말로 지팡이 달라고 하면 돼지."

흰색

"흰색 10번 외쳐봐."

"흰색, 흰색, 흰색, 흰색, 흰색……"

"에이포용지 색은?"

"흰색."

"구름 색은?"

"흰색."

"휴지 색은?"

"흰색."

"젖소가 먹는 것은?"

"우유."

"바보야. 젖소가 우유를 먹는 게 아니라 우유를 짜는 거지."

최면게임

여러 사람들이 모여 있는 자리에서 한 사람을 택하며 최면을 걸어 보겠고 한다.

그리고는 상대방의 얼굴 앞에서 젓가락이나 볼펜을 좌우로 흔들며 상대방도 고개를 따라 흔들게 한다.

아주 열심히 따라하도록 좌, 우, 좌, 우 계속 흔들어준다.

나: 지금부터 계속 고개를 흔들며 내가 묻는 말에 똑바로 답하고
　　나한테도 똑같은 질문을 던지는 거야. 알았지?

친구: 응.

계속해서 볼펜을 좌우로 흔들어주며 질문한다.

나: (볼펜을 흔들며) 당신은 집이 어딥니까?

친구: (고개를 흔들며) 봉천동이요. 당신은 집이 어딥니까?

나: (볼펜을 흔들며) 신사동이요. 당신이 좋아하는 음식은 무엇입
　　니까?

친구: (고개를 흔들며) 고기요. 당신이 좋아하는 음식은 무엇입니까?

나: (볼펜을 흔들며) 탕수육이요. 당신은 누구랑 살고 있습니까?

친구: (고개를 흔들며) 엄마, 아빠, 형, 저요. 당신은 누구랑 살고
　　있습니까?

나: (볼펜을 흔들며) 나 혼자. 당신은 지금 무슨 게임을 즐기는 중
　　입니까?

친구: (고개를 흔들며) 최면게임이요. 당신은 지금 무슨 게임을 즐
　　기는 중입니까?

이때 이렇게 답한다.

나: 원숭이 훈련시키는 중이다. 푸하하하!

5. 대화 속 유머

행성들 대화

행성들의 대화 들려줄까?

응. 해줘봐.

혜성이 물었어.

"얘들아, 너네 숙제혜성?"

한 행성이 대답했지.

"난 안 행성."

그리고 혜왕성이 말했어.

"난 혜왕성~!"

갑자기 태양이 발끈하네.

"난 안 할 태양!"

그러자 목성이 하는 말.

"태양아, 그럼 목성~!"

알 수 없는 얘기

"재밌는 얘기해줄까?"

"응. 해줘."

"너 수박얘기 알아?"

"몰라."

"모를수밖에. 만두얘기는?"

"몰라."

"그럴만두하지. 참외얘긴?"

"몰라."

"이참외 알아둬. 가지얘기는 알지?"

"아니."

"가지가지하네. 마지막으로 대게얘기는?"

"몰라."

"대게 무식하네 증말."

세계어 실력

나 이래봬도 6개 국어도 할 줄 알아.

'잘 모르겠습니다'를 6개 국어로 해볼게.

영어: I don't know.

중국어: 갸우뚱!

일본어: 아리까리.

불어: 아리송~

독일어: 애매모흐.

우간다: 깅가밍가!

한꺼번에 3개 국어도 할 수 있어.

"핸들 이빠이 꺾어!"

고문

여자 고문 시키는 방법.

방에 가두고 정말 이쁜 드레스 100벌을 넣어주는 거야.
그리고 거울은 안 주는 거야.

남자 고문시키는 방법.

남자를 의자에 앉혀. 그리고 바로 앞에 야동을 틀어주는 거지.
그리고는 양손을 뒤로 꽁꽁 묶어두는 거야.

수다킬러

"여자 셋이 모이면 접시 ● 깨진다며?
정말 웃긴 건 여자들 밤새 통화하고서
전화 끊으며 하는 말이 뭔지 알아?"

"뭔데?"

"우리 자세한 얘기는 만나서 하자."
"하하."

"근데 맛집 가서 2시간 넘게 수다 떨다가
헤어지며 하는 말은 뭔지 알아?"

"뭔데?"

"중요한 얘기는 못했으니까 이따 전화해~!"

양 많이 먹는 법

비빔밥 2배로 먹는 방법.

1. 비빔밥을 시킨다.

2. 너무 맵다며 밥을 더 달라고 한다.

3. 좀 싱겁다며 고추장을 좀 더 달라고 한다.

4. 나물이 모자라다며 나물을 더 달라고 한다.

아메리카노 2배로 먹는 방법.

1. 뜨거운 아메리카노 를 달라고 한다.

2. 잘못시켰다고 죄송하다며 아이스로 해달라고 부탁한다.

3. 그럼 얼음을 잔뜩 부어줘서 2배가 된다.

천 원짜리를 수표로 만드는 방법

천 원짜리 지폐를 망치로 수차례 두들겨 팬다.

그럼 새파랗게 질려서 만 원이 된다.

그 만 원짜리를 라이터불로 뜨겁게 달군다.

그럼 노랗게 질려서 오 만원이 된다.

그 오만 원짜리를 물에 넣었다 뺐다 넣었다 뺐다를

수차례 반복한다.

그럼 새하얗게 질려서 10만원권 수표가 된다.

급하게 천원을 바로 수표로 바꾸려다가는

천원이 심장마비 걸릴 수 있으니

천천히 해야 한다.

로또복권 당첨 확률 10배 높이는 방법

"이건 정말 극비인데 비밀 지켜줄 수 있어?"

"뭔데?"

"로또 당첨 확률 10배 높이는 방법을 내가 알고 있거든."

"정말 확실한 거야?"

"당연하지. 나도 첨엔 놀랐어. 근데 진짜더라고."

"와! 뭔데?"

"우리 둘만 알고 있는 거다. 남들한테 말하면 절대 안 돼.

그럼 우리가 확률이 떨어지게 되거든."

"걱정 마. 나 입 무거운 거 잘 알잖아."

"알았어. 넌 믿으니까 말해줄게."

"뜸들이지 말고 빨리 말해봐."

"로또복권을...."

"응 빨리."

.
.
.

"10장 사면 돼."

"그럼 100장 사면 100배 높아지는 거야?"

"아마도..."

"이걸 확 그냥!!!"

벼룩의 간을 빼는 방법

"벼룩에 간을 빼먹어라"라는 말이 있는데,
실제 벼룩의 간을 뺄 수 있는 방법이 있어.

1. 벼룩을 잡아서 도망 못 가게 나무에 꽁꽁 묶어버리는 거야.
2. 그 앞에서 사시미 칼을 쓱쓱 갈면서 죽이겠다고 협박하는 거지.
3. 그럼 순간 쫄아서 간이 콩알 만해지겠지?
4. 그때 잽싸게 간을 빼는 거야.

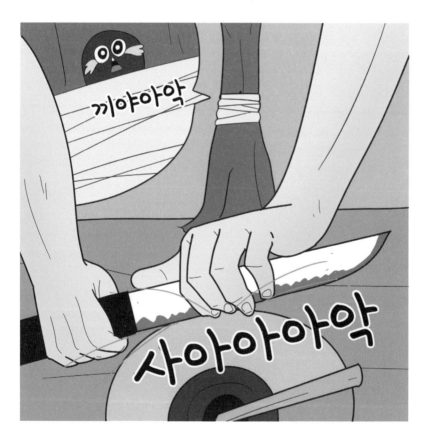

6. 얘깃거리

로미오와 줄리엣

로미오와 줄리엣의 사랑했던 기간이 총 5일이래.

첫째 날, 로미오와 줄리엣이 파티장에서 만나 사랑에 빠지고

둘째 날, 둘은 결혼을 하게 되지.

셋째 날, 로미오가 줄리엣의 사촌오빠를 죽이게 되고

넷째 날, 둘이서 도망을 가게 되고 줄리엣은 마취약을 마시고 잠이 들어.

이를 본 로미오가 줄리엣이 죽은 줄 알고 따라서 죽지.

다섯째 날, 잠에서 깨어난 줄리엣이 자기 옆에 죽어있는 로미오를 보고

자살을 하게 돼.

이렇게 로미오와 줄리엣의 사랑이야기는 총 5일이라고 하네.

시간으로 따지면 120시간.

그러고 보면 우린 정말 오래 만난 거야.

늦었지만 우리 사귀자.

발렌타인 때 초콜릿 받는 방법

나: 내가 정말 받고싶은 초콜렛을 먼저 사. 그리고는 이쁜 여성들이 많이 모이는 강남역이나 가로수길 쪽으로 가는 거야.
친구: 그래서?

나: 한참동안 주변을 탐색하면서 정말 예쁜 여자를 찾아. 그리고는 그 여자 앞으로 다가가서 초콜릿을 떨어뜨리는 거야.
친구: 그래서?

나: 그 여성한테 부탁하는 거지. "저, 죄송한데 초콜렛 좀 주워주실 수 있나요?" 그럼 내 손에 짐이 많은 걸 보고는 흔쾌히 초콜렛을 주워서 나에게 건네주겠지.

여성: 여기요.
나: 네. 감사합니다.
이렇게 해서 난 가장 예쁜 여자한테 초콜렛을 받은 거지. 하하.

친구: 아이씨! 그게 뭐야!

나: 결혼하는 방법도 알려줄까?
결혼하고 싶은 사람 앞으로 가는 거야. 결혼반지를 떨어뜨리고 이것 좀 끼워달라고...
친구: 됐어! 안 들을래!

엄청난 확률

로또복권 1등에 당첨될 확률은 정확히 814만5060분의 1이야.
사람이 벼락 맞고 죽을 확률이 약 60만분의 1이라하니,
로또에 당첨되는 일보다 벼락 맞고 죽을 확률이 10배 이상 높은 거지.

그런데 중요한건 우주가 탄생할 수 있는 확률이 무한대의 1이라고 하는데
우린 로또당첨보다 수천 배 수만 배에 달하는 확률의 공간에서 살고 있어.

그리고 사람의 경우, 수억 마리의 정자 가운데 하나만 난자와 결합해
수정란이 형성되는데.
우린 아버지와 어머니의 사랑덕분에 무한대의 확률 공간에서
수억분의 1의 확률을 뚫고 이 세상에 태어난 거야.
정말 대박인 셈이지.

그런데 더 대박이 뭔지 알아?
그 무한대의 1과 무한대의 1이 여기서 함께 있으니
이건 아주 그냥 환상 그 자체지!

맛집

예전에 어느 도로를 지나고 있는데 맛집들이 즐비한 곳이더라고.

근데 지나가면서 간판들을 보는데 전부 TV에 한번쯤은 출연했던 집이더라고.

"KBS 생생정보통"에 나온 집,

"MBC 생방송 오늘저녁"에 나온 집,

"KBS VJ특공대" 나온 집,

"SBS 생활의 달인"에 나온 집 등

여기저기 둘러봐도 소문난 맛집뿐이더라고.

근데 제일 마지막쯤 근사하게 생긴 가게가 하나 있는데 그 앞에 써 있는 간판 보고 완전 빵 터졌잖아. 간판에 뭐라 적혀있는 줄 알아?

상대방: 뭐라고 되어있는데?

나: "MBC, KBS, SBS에 지금까지 한 번도 방송 안 탄 집!"

성향차이

'제 눈에 안경'이란 말이 있지?
사람마다 관점이 다르고 성향도 다 틀린 거 같아.
예전에 남자 셋이 길을 걷다가 예쁘고 섹시한 여자를 본 거야.
짧은 찰나였는데 모두들 안 놓쳤다는 듯이 하트 뿅뿅한 눈빛으로
서로를 바라보더래. 그리고는 마치 UFO라도 목격한 사람처럼 흥분을
하더니 서로 머리를 맞대더래.

친구1: 나는 얼굴 봤어. 넌?
친구2: 난 가슴. 넌?
친구3: 난 다리.
친구1: 이야~ 잘됐다. 우리 합쳐보자!

진짜 웃기지??
넌 성향이 어떻게 돼?

영화

"나 신들린 능력이 있나봐."

"왜?"

"내가 '뜰거다' 생각한 영화들은 전부 관객 1000만 돌파하거든."

"진짜? 어떻게 예상했는데"

"음. 외국영화를 보면 강에서 괴물 나오는 영화가 많잖아."

"맞아. 그런데?"

"우리나라도 한강이 있는데 뭔가 하나쯤 툭, 튀어나올 때가 되지 않나 싶었거든. 근데 얼마 후 '괴물'이 개봉한 거야. 그거 1000만 돌파했잖아."

"와! 잘 맞췄네?"

"그리고 또 생각 난 게, 우리나라는 3면이 바다로 둘러 쌓여있는데 우리도 쓰나미 한 번 몰려올 때 되지 않았나 싶었거든."

"아, 맞다. 그거 뭐였더라."

"해운대. 그것도 1000만 돌파했잖아."

"와! 대박!!"

"근데 또 생각이 들은 게 있었거든."

"이번엔 뭐?"

"우리나라도 좀비 한 번 나올 때 됐다... 싶었거든."

"아! 부산행!"

"그래! 그것도 1000만 돌파했잖아."

"이야! 무당이다. 근데 너 1000만 돌파되고 나서 짜 맞추는 거 아니지?"

"아냐! 정말이야!"

"그럼 다음번엔 뭔데??"

"그건 좀. 생각해보고 내년에 말해줄게. 하하."

7. 아쉬운 소리하지 않는 방법

커피심부름

부하 직원에게 커피 심부름 시킬 때.

"저기, 저 믹스커피 저놈 보이지?"
"네. 잘 보입니다."
"저놈 목 따고 내장 꺼내서 펄펄 끓는 물에 푹 좀 삶아 올래?"

용돈 받아낼 때

엄마한테 용돈을 받아 나가고 싶은데 돈 다 떨어진걸 알면 혼날 상황.
그때 이렇게 대처한다.
문을 열고 나가면서, 마침 깜빡했다는 듯 다시 들어오며 다급하게 외쳐라.

"엄마! 혹시 천 원짜리 몇 장 있어?"

(돈은 많이 있는데 마치 천 원짜리 몇 장이 필요한 사람처럼. 만약 몇 만
원이 필요한 상황이라면 단어 하나만 바꿔서 외치면 된다.)

돈 빌릴 때

아쉬운 소리하며 돈 빌리는 걸 좋아하는 사람은 단 한 명도 없다.
돈을 빌릴 때 당당하게 또는 유머러스하게 빌리면 조금이나마 덜 아쉽고
덜 민망하다.
급하게 만원을 빌려야 하는 상황일 때 이렇게 말해보자.
"혹시 조폐공사 전속모델 중 세종대왕 1명 있으면
빌려줘 볼래?"

담배 빌릴 때

요즘 담배값이 비싸서 담배 인심이 예전만 같지 않다.
담배를 빌릴 때 지인에게 다가가서 자신 있게 물어라.
"혹시 빨면 연기 나는 거 있어?"
그럼 웃으면서 빌려 줄 거다.

불 빌릴 때

담배를 빌리고 나니 아참, 불도 없는 것이다.
그 지인에게 다가가서 다시 물어라.
"혹시 키면 불나오는 거 있어?"

불 달라할 때

이번엔 역으로 회사 동료에게 라이터를 빌려주었다.

이 놈이 한참이 지나도 갖다 주질 않는 것이다.

가서 달라기 하기에도 참 애매하고 이렇게 대처하라.

그 회사동료에게 가서 재미난 얘기를 하나 해준다고 한다.

"응? 어떤 얘기?"

"어느 사람이 형무소에 5년을 복역하게 되었어. 교도관이 그 죄수에게 필요한게 있으면 하나만 얘길 해보라는 거야. 그래서 남자가 담배 하나만 주시면 고맙겠다고 부탁을 해서 하나 얻게 되었지."

"응. 그래서?"

"세월이 5년이 흘러 그 죄수가 출감을 하게 되었어. 그런데 5년 전에 담배를 줬던 그 교도관이랑 우연히 마주친 거지. 그런데 그 죄수가 교도관에게 걸어가더니 씩씩거리며 뭐라는 줄 알아?"

"뭐라고 했는데?"

"도대체 불은 언제 줄 거요?"

"하하. 웃기네."

"근데, 넌 내 불 언제 줄 거야?!"

라이터 구할 때

남자들이 가장 사기 아까워 하는 게 라이터랑 우산이다.

길을 걷다 라이터 가스가 없거나 집에 두고 왔을 때 하나 새로 사기는 아깝고 공짜로 얻는 방법이 있다.

주변에 아무 식당을 골라 문을 벅차고 당당하게 들어가라.

그리고는 매장 내부를 크게 돌면서 두리번 거리며 살펴보는 척 해라.

그럼 식당 사장이 달려와서 물을 거다.

"어떻게 오셨나요?"

"아, 이따가 밤에 회식할 장소 좀 알아보는데 여기 30명 들어올 수 있나요?"

"네네. 그럼요. 저쪽 테이블 붙이고 이쪽도 붙이면 충분히 가능해요. 호호."

"그럼 이따가 오게 되면 미리 연락드릴게요. 혹시 전화번호 적힌 라이터 좀 있으세요?"

"아네. 여기요."

(얼마나 간단한가. ^^;)

약속 잡을 때

우린 살면서 친구든 고객이든 약속을 잡아야 할 경우가 상당히 많다.

보통 "언제 시간되세요?"라고 묻는 경우가 많은데, 그 질문은 왠지 나는 한가한 사람이고 내가 당신에게 시간을 맞추겠다는 식의 아쉬움이 묻어있다.

내가 정한 틀에 상대가 들어올 수 있게끔 살짝 말을 바꿔보자.

"전 다음 주 수요일과 금요일이 편한데 어느 날이 더 좋으세요?"

두 가지 예시를 들면 대부분 하나를 고르게 되어있다.

"음. 수요일요?"

"그래요. 그럼 수요일 날 보기로 해요."

8. 재미난 문제

선택

(이 문제는 대기업 면접시험에서도 출제되었다고 한다.)

비오는 날 차를 몰고 가는데 어느 산 중턱에서 의사 한 명과 다 죽어가는
할머니, 그리고 나의 이상형인 여자가 버스를 놓치고서는 한 자리에 모여
있다.

이들을 모두 태우고 싶지만 차에는 운전자 포함 두 명밖에 탈 수 없는
구조였다.

그렇다면 누굴 태우겠는가?

답: 의사에게 차를 줘서 할머니를 태워 보내고
자신은 이상형과 함께 버스를 기다린다.

예언가의 대답

북한의 한 예언가가 곧 있을 미래를 예언했다.

"김정은은 오래 살지 못하고 암살을 당할 겁니다."

이에 화가 난 김정은이 예언가를 잡아다가 무릎을 꿇게 하고서 말했다.

"내가 지금 널 죽일 건데 어떻게 죽일지 맞추면 총살이고,
못 맞추면 기관포로 쏴죽이겠다. 자 맞혀봐!"

이에 예언가는 침착하게 대답을 했고 그 말을 듣는 순간 김정은은
이 예언가를 도저히 죽일 수가 없었다.
예언가는 과연 뭐라고 대답한 것일까?

정답은,

"당신은 날 기관포로 쏴 죽일 겁니다."

이 대답을 들은 김정은은 고민에 빠졌다.
총살을 하려면 예언가의 대답이 틀리기 때문에 기관포로 쏴 죽여야 하고,
기관포로 죽이려면 예언가의 대답이 정답이 되니 총살을 해야 하는 상황
이 되고, 이러지도 저러지도 못하는 상황.
예언가는 이렇게 죽음을 면하게 되었다.

수레를 끌고 가는 두 사람

어느 언덕길에서 짐이 가득한 리어커를 이끄는 노인과 뒤에서 힘차게 밀어주는 중년의 남자가 보였다.

그 모습이 너무나 아름다워 보여 앞에 있는 노인에게 가서 물었다.

"저 뒤에서 힘차게 밀고 있는 사람이 당신의 아들입니까?"
"네. 맞습니다."

이번엔 뒤로 가서 물었다.
"저 앞에서 리어카를 이끄는 노인이 당신의 아버지가 맞습니까?"
그러자 중년은 고개를 저으며 아니라고 대답했다.

뭔가 이상해서 다시 앞 사람에게 가서 물었다.
"저 뒤에서 밀고 있는 남자가 당신의 아들이 확실한가요?"
"네. 확실합니다."

정말 이해할 수 없어 다시 뒤로 가서 물었다.
"저 노인은 당신이 아들이라고 하는데 정말 아버지가 아닙니까?"
"아니라니까요!"
그렇다면 도대체 앞에 있는 노인은 누구인가?

정답: 어머니
(이 문제는 우리들의 고정관념을 깨게 하는 문제이다.)

배수의 원리

나: 만약 엄청 큰 신문이 있다고 가정하고, 그 신문을 30번 접으면 두께가 대략 얼마나 될까?

친구3: 글쎄. 백과사전정도?

친구1: 음.. 1미터 정도?

친구2: 내 키 정도?

나: 그럴 거 같지? 놀라지마. 그 높이가 무려 63빌딩에 3900배가 돼.

친구들: 헉! 그게 말이 돼?

나: 말이 되는지 안 되는지 한번 이론상으로 30번을 접어볼게.

신문두께가 1mm라 가정해보고 시작한다.

1 -> 2 -> 4-> 8-> 16-> 32-> 64-> 128 -> 256 -> 512 -> 1,024

-> 2,048 -> 4,096 -> 8,192 -> 16,384 -> 32,678 -> 65,536 ->

131,072.....

이런 식으로 30번을 접고 나면 그 높이가 무려..

 1,073,741,824mm = 약 107만 미터.

63빌딩 높이 = 274미터니까 63빌딩 높이에 3900배가 된다.

9. 흥미로운 질문

대화도중 말이 끊겼을 때 화제를 전환해야하는 경우가 있다.
잘 던진 질문 하나가 상대방과 나를 더욱 유익한 시간으로, 그리고 공감
대 형성까지 만들어 줄 수 있다.
대중적인 질문 몇 가지를 가지고 다녀라.

1. 로또 1등 당첨되면 가장 하고 싶은 3가지는?

2. 어느 한 나이에서 영원히 살고 싶다면 몇 살에서 멈추고 싶어?

3. 다시 태어난다면 어느 나라에 태어나고 싶어?
   그리고 뭘 하고 싶어?

4. 톱스타 한 명과 1주일간 연애를 하게 해준다면 누굴 택할 거야?

5. 만약 성형외과에서 딱 2군데를 무료로 성형해주겠다고 하면
   어디 어디 할 거야?

10. 질문에 대한 웃긴 대답

상대: 정말 잘생기셨네요!

나 : 그걸 알다니! 눈높이가 해발 1000미터는 되겠군요.

상대: 너 못생긴 거(또는 잘생긴 거) 너도 알고 있지?

나 : 아주 잘~ 알고 있지. 논문 쓸 뻔했어.

친구1: 난 아메리카노. 넌?

친구2: 난 아메리카예스.

나 : 난 아프리카노.

친구1: 난 아메리카노 뜨거운 거.

친구2: 난 찬 거. 넌?

나 : 난 꽉 찬 거.

친구1: 내 피부는 지성. 넌?

친구2: 난 중성. 너는?

나 : 난 인생이 건성건성해.

상대: 회사를 말아먹을 생각이냐?

나 : 아니. 비벼먹으려고.

상대: 제발 따듯하게 좀 말해주면 안 돼?

나 : 군구고마, 호빵, 난로, 전기장판.

상대: 운동해?

나 : 응. 숨쉬기운동, 새마을운동, 학생운동.

상대: 안 씻었어?

나 : 난 2월 29일만 목욕하거든. (4년에 한 번)

상대: 그래서 밤 새게?

나 : 응. 아침에 해 뜰 때 마중 나가기로 했거든.

상대: 어떤 것 때문에 그러는데?

나 : 이것저것그것요것 때문에 그래.

상대: 이렇게 해도 될까요?

나 : 물론이죠. 되고 말고 할 것도 없고말고요.

상대: 주량이 어떻게 되세요?

나 : 잘은 못 마시고 그냥 밑 빠진 독에 물붓 듯 마십니다.

상대: 넌 꿈이 뭐야?

나 : 내 꿈은 너의 꿈을 이루어주는 거야.

상대: 무슨 띠야?

나 : 78년 원빈 띠다. (자신과 같은 연예인을 대며)

상대: 나이가 어떻게 되세요?

나 : 명절날 눈감고도 만두 빚을 나이에요.

상대: 혈액형은?

나 : 미남형! 최신형! 공격형! 니 형이다!

상대: 지금 몇 시야?

나 : 몹시 흥분.

상대: 몇 시라구?

나 : 엠비씨 여러분.

상대: 무슨 사이죠?

나 : 우린 칠성사이다~

나 : 우린 사랑과 우정사이~

나 : 우린 냉정과 열정사이~

상대: 좀 놀았냐?

나 : 한 때. 다리 좀 떨고 침 좀 뱉었지.
내가 뱉은 침으로 안양유원지 생긴 거야.

상대: 죽고싶냐?

나 : 고스톱치다 광 팔고 죽는 것도 아니고,
피구하다 금 밟아 죽는 것도 아니고, 너 같으면 죽고싶겠냐?

상대: 넌 왜왔냐?

나 : 참새가 방앗간을 그냥 지나칠 수 없지.

상대: 넌 왜왔냐?

나 : 가시밭에 생선이 있다 해도 고양이가 외면할 수 없지.

상대: 내가 교통정리 해줄게.

나 : 교통방해나 하지 마라.

나 : 어디야? 왜 안와?

상대: 가고 있어!

나 : 중국집이야? 어디서 가고 있다는 개뻥을.

상대: 여자 울리고 다녔지?

나 : 그래 좀 때렸다!

상대: 같은 하늘 아래 두 개의 태양이 있었군.

나 : 훗. 지는 석양이 뜨는 태양을 막을 수 있을까?

상대: 영광인줄 알아 이것아!

나 : 그래 가문의 영광이다. 영광굴비 세트군.

상대: 마음은 가볍게 양손은 무겁게 들고 와라.

나 : 그래 아령 들고 갈게.

상대: 골키퍼 있다고 골 안 들어 가냐?

나 : 그럼 골 들어갔다고 골키퍼 바꾸냐?

상대: 명품같지 않냐?

나 : 폐품같다.

상대: 귀티 나지 않냐?

나 : 싼티 난다.

상대: 오빠 왜 맨날 나한테 이겨먹으려 그래?

나 : 바보야. 지는 게 이기는 거야.

내가 일부러 이겨서 너 지게 만드는 거야. 너 이기게 하려고.

상대: 사과해.

나 : 나 오렌지 하고 싶은데?

상대: 너 미쳤지?

나 : 우리집 피아노 없는데?

상대: 내가 못살아~
나 : 왜? 잘 살아야지.

상대: 설마.
나 : '설마'가 사람 잡아!
그 설마 때문에 조선시대부터 지금까지 수만 명도 넘게 당했어!

상대: 머리 어떻게 깎아줄까요?
나 : 천원만 깎아주세요.

상대: 취미가 참 많으시네요?
나 : 네. 제 취미 좀 빌려드릴까요?

상대: 클럽 좋아하세요?
나 : 전 돈까스클럽 좋아해요.

상대: 너 선수지?
나 : 응. 세계선수권대회 나가서 우승하고 왔어.

chapter 3

유머장착

세 번째, 유머장착편이다.

때때로 유머얘기를 꺼낼 때가 있다.
유머얘기를 해줄 땐
생동감 있는 표정과 액션이 정말 중요하다.
그리고 **기승전결의 원칙**을 잘 다뤄야 지루하지 않고 흥미진
진해 질 것이다.

때론 내 실화인 것처럼 들려줘라.
더욱 집중력이 높아지고 기대감이 커질 것이다.
마지막에 가서는 이게 유머였는지를 알게 되며
한 번 더 빵 터질 것이다.

인터넷과 유머책에서 흔히 볼 수 있는 이야기 중, 장소별로
자연스럽게 써먹을 수 있게끔 베스트 유머 10개를 엮었다.

그러나 최소한 30개 가까이는 알고 있어라.
그 정도 내공이라면 어떤 상황이든 유머얘기로
자연스럽게 연결 할 수 있을 것이다.

1. 베스트 유머

(동물원에서) 원숭이

어느 동물원에 기가 막히게 재주를 잘 부리는 원숭이 한 마리가 있었다.

그 재주가 얼마나 대단한지 전 세계에서 이 원숭이를 한 번 구경하기 위해 관광객들이 넘쳐났고 동물원은 그로 인해 떼돈을 벌고 있었다.

그러던 어느 날, 원숭이가 죽을병에 걸린 것이다.

사실을 알게 된 동물원측은 비상대책회의에 들어갔다.

그리고 만장일치로 결론이 났다.

그 내용은, 죽어가는 원숭이와 똑같은 키의 재주를 잘 부리는 사람을 채용해서 특수 제작된 원숭이 탈을 씌우고 특수훈련을 시켜 원숭이 우리로 내보내자는 것이다.

다행히도 죽어가는 원숭이와 똑같은 체구의 알바생을 뽑게 되었고 1주일간의 심도높은 훈련을 통해 알바생은 원숭이와 똑같은 재주를 부리며 관광객들에게 인기를 누릴 수 있게 되었다.

그러던 어느 날 이었다.

본인도 사람인지라 관광객들의 환호성에 젖어 평상시 보이지 않던 신기술을 보이며 공중에 점프하다가 착지할 때 나뭇가지를 잘못 짚어 낭떠러지로 떨어지고 만 것이다.

잠시 기절했다가 깨어나 보니 심각한 상황이었다.

떨어진 곳은 다름 아닌 사자 우리.

바로 앞에 어마어마하게 크고 무섭게 생긴 사자 한 마리가 원숭이 알바생을 뚫어져라 주시하고 있다.

갑자기 몸을 일으켜 한걸음씩 원숭이 알바생에게로 다가오는 것이다.
알바생은 오줌을 찔끔찔끔 흘릴 정도로 공포에 쩌들어 죽음을 맞이하고
있었다.
그런데 그 거대하고 무시무시한 사자가 원숭이 앞에 와서는 잡아먹겠다
는 듯이 입을 좌악~ 벌리더니 한마디 하는 것이었다.

"저, 원숭이는 시간당 얼마씩 받아요?"

사자도 알바생이었던 것이다.

(자동차에서) 엄청 빠른 닭

한 남자가 차를 타고 시골길 도로를 질주하고 있을 때였다.

갑자기 닭 한 마리가 나타나더니 엄청난 속도로 차를 추월해서 앞질러 가는 것이었다. 믿기지 않는 상황에 남자는 너무 놀라 닭을 뒤 쫓았지만 무시무시한 속도로 달아나는 닭을 따라잡기가 쉽지 않았다.

악셀을 힘껏 밟으며 남자는 결심했다.

'저 닭을 잡자! 저 닭만 잡으면 난 부자가 될 수 있다!'

산 비탈길을 따라 힘들게 추격 끝에 어느 양계장 앞에 도착하게 되었는데, 방금 전 그 닭이 다른 닭들과 태평하게 놀고 있는 모습이 보였다.

마침 양계장 주인아저씨가 보여 남자는 허겁지겁 달려가 말했다.

"헉헉, 아저씨! 아저씨! 저기 저 닭 보이죠?"

"네, 근데요?"

"저 닭을 저한테 팔면 제가 백만, 아니 천만원 드릴게요!"

그러자 아저씨가 딱 부러지게 한마디 했다.

"시펄! 잡혀야 팔지!!"

(버스에서) 고백

고등학생 때의 일이다.

그녀를 짝사랑한 지도 벌써 3년째.

그녀에게 내 마음을 고백하고 싶었지만 마주치면 떨리는 마음에 아무 말도 할 수 없어 늘 머뭇거리다 지나쳐야했다.

고민 끝에 사랑의 고백이 담긴 편지를 썼다.

그러나 건네줄 기회를 매번 놓쳐 편지는 주머니에서 꼬깃꼬깃해 져갔다.

그러던 어느 날, 그녀와 함께 버스를 타게 되었는데 내릴 때 주머니 속 편지를 그녀에게 꼭 쥐어주고는 도망치듯 달려왔다.

다음날 그녀에게서 전화가 왔다. 잠깐 볼 수 있냐는 것이다.

너무나 기쁜 나머지 약속장소로 쏜살같이 달려 나갔다.

가로등 불빛 아래에서 그녀가 나를 보자마자 하는 말.

"어제 천원 왜 줬어?"

(지하철에서) 어느 할머니

만원 지하철에서 한 남자가 크게 흔들리며 옆에 계신 할머니의 몸을 만지게 되었다.

그러자 할머니가 정색하며 말했다.

"학상! 이거 성폭행 아닌감?"

남자는 어이가 없었다.

"그게 무슨 말씀이세요! 흔들렸을 뿐인데요!"

"뚱단지 같은 소리하지 말고, 성폭행 맞제?"

"아이참! 진짜 너무 하시네요! 할머니!"

이때 옆에 서있던 할아버지가 틈을 비집고 나타나 속이 터진다며 한숨을 내쉬며 하는 말.

"할멈~ 이거 성북행 맞당께롱!"

(치킨집에서) 터프한 닭

시골에 손자손녀들이 놀러를 오자 할머니는 뭘 대접해야하나 고민하다가
마침 집에서 기르는 닭 중에 한 마리를 잡기로 결심했다.
어떤 놈을 잡을까 망설이다가 가장 멍청해 보이는 놈을 잡았다.
그런데 그 닭은 자기가 절대 멍청하지 않다며 버티는 것이었다.
결국 할머니는 문제를 맞추면 살려주겠다고 했다.

할머니: "1 + 1 은?"
닭: "2!"
할머니: "음... 그럼 3 X 3 은?"
닭: "9!"

당황한 할머니는 수학책을 펴보며 물었다.

할머니: "그럼 루트8x시그마3+(2x+5y)/4+98x298은?"

그러자 한참을 망설이던 닭이 말했다.

닭: "시펄! 물 끓여!!"

(식당에서) 라면과 참기름

라면하고 참기름이 함께 보석상을 털었어.

그런데 얼마 후 경찰이 와서 라면을 강제연행해 간거야.

왜 그런지 알아?

참기름이 고소해서.

그런데 얼마 뒤 참기름마저 잡혀가고 만 거야.

왜 그런지 알아?

라면이 불어서.

그런데 웃긴 건..

이 모든 것이 소금이 짠 거였어.

(집에서) 가난한 부부

방 한 칸에서 가난하게 사는 신혼부부와 어린 아들이 있었다.

아들이 자랄 만큼 자라서 혹시나 볼까 걱정이 돼 밤일을 맘 편히 할 수 없었다.

그래서 밤일을 할 때마다 남편이 아들이 자나 안자나 확인하기 위해 촛불을 켜서 아들 눈 위를 비춰보고 확인한 후 밤일을 하곤 했다.

그러던 어느 날 밤, 역시 촛불을 켜서 아들 눈 위를 비추고 있는데 그만 촛농이 얼굴 위로 떨어지고 말았다.

그때 아들이 벌떡 일어나 하는 말.

"에이씨. 내가 언젠가 이런 날 올 줄 알았다니까."

(슈퍼에서) 증거

젊은 남자가 슈퍼에 강아지 사료를 사러 갔다.

그러자 점원이 말했다.

"손님, 저희 슈퍼에서는 증거를 가져와야 물건을 사 갈 수가 있습니다. 강아지가 어디 있나요?"

남자는 어이가 없다는 반응을 보이면서 집에 가서 힘들게 강아지를 안고 와서 보여준 후 강아지 사료를 사갈 수가 있었다.

그리고 며칠 뒤.

애기 기저귀를 사러간 남자는 또 황당한 말을 들어야 했다.

"죄송하지만 아이를 데리고 오셔야 합니다."

남자는 점원에게 따졌지만 끝내 와이프에게 전화를 해서 아이를 안고나 오라고 했다.

그리고 나서야 기저귀를 사갈 수가 있었다.

얼마가 지났을까 남자는 다시 슈퍼를 찾았고 뻥 뚫린 상자 케이스를 점원에게 보여줬다.

"손님, 뭐가 필요하신가요?"

"이 상자 안에 손 넣어보시면 알 겁니다."

점원은 상자에 손을 넣었고 화들짝 놀라며 손을 내빼더니 화를 내는 것이었다.

"손님! 이게 무슨 짓입니까! 이건 똥이잖아요!"

그러자 남자가 단호하게 말했다.

"알았으면 휴지 내놔요!"

(학교에서) 억울한 체벌

숙제하기를 지독히도 싫어하는 철수라는 한 학생이 있었다.
수업시간에 선생님이 외쳤다.
"숙제 안 해 온 놈들 앞으로 나와!"
그러자 총 3명이 앞으로 나왔다.

철수는 나오는 동안 몇 번째에 서면 가장 안 아플까 생각을 해봤다.
선생님 몸이 약하시니 뒤로 갈 때마다 파워가 점점 약해질 것 같아 맨 뒤
에 서게 됐다.
그러자 선생님 하시는 말씀.
"첫 번째 놈은 한 대, 두 번 째 놈은 두 대, 세 번 째 놈은 세대다!"

세대나 맞은 철수는 너무나 억울했다.
오기가 난 철수는 그 다음 날도 숙제를 안 해 갔다.
"숙제 안 해 온 놈들 앞으로 나와!"
선생님이 말씀하시자 이번에도 세 명이 나왔다.

철수는 지난번 경험을 생각해서 이번엔 잽싸게 맨 앞자리에 섰다.
그런데 선생님 하시는 말씀.
"시간 없으니 니가 대표로 3대 맞아!"
이번에도 억울하게 혼자 3대나 맞아야만 했다.

그리고 며칠 후,
"숙제 안 해 온 놈들 앞으로 나와!"
이번에도 철수까지 총 세 명이 나왔다.

철수는 생각했다.

맨 뒤에 서도 손해, 앞에 서도 손해니 오늘은 가운데 서야겠다.

그러자 선생님이 말씀.

"첫 번째 놈은 두 번째 놈이랑 박치기 하고 두 번째 놈은 세 번째 놈이랑 박치기 해!"

(산에서) 토끼와 굼뱅이

거북이에게 달리기 경주에서 진 토끼가 화가 잔뜩 나있는데
어느 날 굼뱅이가 찾아와 말했다.

"토끼야! 너 나랑 달리기 한번 붙자!"
"뭐! 이젠 너까지 날 우습게 봐?"
화가 난 토끼는

굼뱅이를 발로 뻥~! 차버리고선 문을 닫았다.
그 이후로 굼뱅이는 토끼를 찾아오질 않았다.

그리고 세월은 흐르고 흘러 10년이 지났다.
이제 토끼도 많이 늙어서 죽음을 코앞에 두고 있는 순간이었다.
창밖으로 지난 인생을 되돌아보며 눈물을 흘리고 있을 때였다.
순간, 똑!똑!똑~! 문 두드리는 소리가 들렸다.

힘겹게 일어나 문을 열어보니 아니 이게 왠일인가.
10년전 그 굼뱅이가 다시 찾아온 것이었다.
토끼는 다 죽어가는 소리로 물었다.

"아니 굼뱅아. 10년만에 어쩐 일로.."

그러자 굼뱅이가 눈을 부라리며 하는 말.

"지금 니가 날 쳤냐?"

2. 사오정 시리즈

대화 도중 말귀를 잘 못 알아먹을 경우 이런 표현을 많이 쓴다.
"사오정이야?"
나도 어렸을 때 이어폰으로 음악을 크게 듣고 다니다 가는귀가
먹어서 그런지 사오정 소리를 많이 듣고 살아왔다.
"병원 갔다 왔어?"라고 묻는 말에, "법원을 내가 왜 가?"
"사이다라도 시켜줄까?"라는 말에, "차에다라도 실어줄까"라고
듣고서는 "차에 뭘 실어?"
"인천 가서 헤매고 왔다."라는 말에, "인천 가서 회 먹고 왔다고?"
이렇게 동문서답을 하는 경우가 허다했다.
여러분 주변에도 이런 이들이 한 둘씩 있을 거라 생각한다.
사오정 얘기가 나오면 옛 향수를 떠올리듯
자연스레 사오정 시리즈로 넘어가봐라.
사오정 시리즈 대표작만 엮어봤다.

커피숍에 간 사오정

사오정 3명이 커피숍을 갔다.
웨이터가 주문을 받으러 오자 한 명씩 말한다.
사오정1: 난 우유.
사오정2: 나도 콜라.
사오정3: 커피 3잔이요!
그러자 주문을 받은 알바생이 잘 알겠다는 듯이 카운터로 가며 외친다.
알바사오정: 여기 오렌지주스 3잔이요!

은행에 간 사오정

속도위반 과태료를 내기 위해 사오정이 차를 주차하고 은행에 들어갔다.
"저기, 속도위반 벌금 내러 왔습니다."

그러자 은행원 왈.
"번호표 뽑아오세요."
사오정은 알겠다며 갑자기 은행 밖으로 뛰어나가는 것이다.
그리고는 한참 있다가 사오정이 들어와서 은행원에게 뭔가를 내밀었다.
은행원은 기겁을 하고 말았다.

[서울 13거 9859]

살려주세요~

추운 겨울, 한 남자가 인적이 드문 밤길을 걷다 빙판길에 미끄러져 맨홀 구멍에 깊이 빠져버리고 말았다.

도움을 줄 사람은 없고 체온은 급격히 내려만 가고 이렇게 죽는가 싶던 찰라, 어디선가 사람의 걸음소리가 반갑게 들려왔다.

남자는 기운을 내서 큰소리로 외쳤다.

"살려주세요~~~! 살려주세요~~~!"

길을 가던 사오정이 뭔가를 듣고서 바짝 귀를 기울이며 외쳤다.

"뭐~라~고~요~~??!"

남자는 다시 한번 외쳤다.

"살려달라고요~~~~!!!!"

그러나 위에서 들려오는 소리는 한결같았다.

"뭐라고요~?? 안 들려요~? 크게 말해봐요~~~~!!!"

남자는 온힘을 모아 다시 한 번 크게 외쳤다.

"살~~려~~달~라고요~~!!!"

그러자, 위에서 사오정이,

"뭐~라~고~요~~??"

다 죽어가던 남성이 젖먹던 힘을 다해 외쳤다.

"그냥 가 씨펄놈아~~~!!!"

슈퍼마켓에 간 사오정

사오정이 슈퍼마켓에 갔다.

사오정: 아저씨, 콜라하고 햄버거 주세요.

주 인: 햄버거는 없는데.

사오정: 그러면 사이다하고 햄버거 주세요.

주 인: 햄버거는 없다니깐!!(짜증난 목소리로)

사오정: 그럼 오렌지주스하고 햄버거 주세요~

주 인: 햄버거는 없다고!!!

사오정: 그럼 햄버거만 주세요.

3. 삼사오행시

삼행시

삼: 삼푸로 머리를 감았다.

행: 행궈도 행궈도 거품이 계속 나온다.

시: 시펄 퐁퐁이잖아.

강아지

강: 강아지를 아빠가 사오셨다.

아: 아빠 고마워요. (귀여운 목소리로)

지: 지금 삶아라. (냉정하고 근엄한 목소리로)

금붕어

금: 금요일에 누가 그러는데~

붕: 붕어랑 아이큐가 같다며?

어: 맞다고? 정말이었구나!

매운탕

매: 매운탕으로 삼행시 지어볼게. (딴청 피우며)

운: 운 띄어봐.

탕: 탕부터 시작하면 어떡해.

계속 '매'만 외치는 상대도 있을 것이다

'매'

"매운탕으로 삼행시 지어볼게."

"그러니까 매."

"매운탕으로 삼행시 지어볼게."

"아씨. 그니까 매! 해보라고!"

"매운탕으로 삼행시 지어볼게."

"아 짱나! 하지 마!!"

이런 식으로 말이다.

백설공주

백: 백설탕이 말했다.

설: 설렁탕이 말했다.

공: 공기밥이 말했다.

주: 주방장이 기절했다.

경비아저씨

(위엄있는 목소리로 속도감 있게 진행하면 더 좋다.)

경: 경비는 계속된다.

비: 비가와도!

아: 아침이 와도!

저: 저녁이 돼도!

씨: 씨팔! 언제 쉬나!

4. 넌센스

인디언들 중 가장 높은 사람은? ---------------- ▶추장

추장보다 더 높은 사람은? -------------------- ▶ 고추장

고추장보다 더 높은 사람은? ---------------- ▶ 초고추장

그렇다면 초고추장보다 더 높은 사람은? ------- ▶ 태양초고추장

가장 야한 닭은? ---------------------------- ▶ 누나홀닭

가장 성질 급한 닭? ------------------------- ▶ 꼴까닭

가장 빠른 닭은? ---------------------------- ▶ 후다닭

가장 비싼 닭은? ---------------------------- ▶ 코스닭

닭이 넘어지면? ----------------------------- ▶ 닭꽝

의사가 제일 싫어하는 사람은?

   ---▶ **앓느니 죽겠다는 사람**

치과의사가 제일 싫어하는 사람은?

   ---▶ **이 없으면 잇몸으로 산다는 사람**

산부인과의사가 제일 싫어하는 사람은?

   ---▶ **무자식이 상팔자라는 사람**

한의사가 제일 싫어하는 사람은?

   ---▶ **밥이 보약이라는 사람**

변호사가 제일 싫어하는 사람은?

---▶ **법 없이도 살 사람**

학원선생이 제일 싫어하는 사람은?

---▶ **하나를 알려주면 둘을 아는 학생**

세계에서 가장 많이 팔린 책은? ─────────────▶ **공책**

수박 한통엔 5000원인데 두통엔? ──────────▶ **개보린**

세계에서 가장 가난한 왕은? ───────────────▶ **최저임금**

용이 승천하는 걸 4글자로? ─────────────────▶ **올라가용**

미꾸라지가 커지면? ─────────────────────────▶ **미꾸엑스라지**

부산 앞바다의 반대말은? ──────────────────▶ **부산 엄마다**

세상에서 가장 뜨거운 복숭아는? ────────────▶ **천도복숭아**

서울에서 가장 싼 동네는? ──────────────────▶ **일원동**

더 싼 동네는? ─────────────────────────────▶ **삼전동**

더 싼 동네는? ─────────────────────────────▶ **노원동**

흥부가 놀부마누라한테 맞는 이유는?

---▶ **"형수님 저 흥분대요."**

돼지는 왜 꼬리를 흔들까?

---▶ **꼬리가 돼지를 못 흔들어서**

5. 말장난

나 이제 말 안할래 ----------------- ▶ 소할래

나 의사랑 -------------------------- ▶ 놀게. 넌 간호사랑 놀아

너무해 ----------------------------- ▶ 난 당근할래

보낼 수 없어 ---------------------- ▶ 주먹을 낼게

너 재수 없어 ---------------------- ▶ 꼭 한 번에 대학가야 해

넌 더 이상 날 생각하지 마 ------- ▶ 날개도 없는게

넌 왜 사니 ------------------------- ▶ 난 삼인데

나 미치기 일보직전이야 ---------- ▶ 넌 파를 쳐

넌 돼질 준비해 ------------------- ▶ 난 상추를 준비할게

나 말리지마 ---------------------- ▶ 나 건조한 거 싫어해

그게 무슨 말이야? ---------------- ▶ 조랑말? 얼룩말?

6. 속담, 명언 비틀기

등잔 밑이 어둡다.

   ---▶ **형광등 위가 어둡다**

가는 말이 고와야 오는 말이 곱다

   ---▶ **가는 말이 험해야 오는 말이 곱다**

오른손이 하는 일을 왼손이 모르게 하라

   ---▶ **왼손이 하는 일을 오른손이 알게 하라**

낮말은 새가 듣고 밤말은 쥐가 듣는다

   ---▶ **낮말은 도청장치가 듣고 밤말은 cctv가 듣는다**

사공이 많으면 배가 산으로 간다

   ---▶ **사공이 많으면 배가 빨리 간다**

일찍 일어나는 새가 벌레를 잡는다

   ---▶ **일찍 일어나는 새가 더 피곤하다**
       일찍 일어나는 벌레가 빨리 잡아먹힌다

고생 끝에 낙이 온다

   ---▶ **고생 끝에 골병 든다**

늦었다고 생각할 때가 가장 이른 때다

   ---▶ **늦었다고 생각할 때가 가장 늦은 거다**

피할 수 없다면 즐겨라
   ---▸ **즐길 수 없다면 피하라**

오늘 할 일을 내일로 미루지 말라
   ---▸ **내일 할 수 있는 일은 오늘 하지 말라**

소년이여! 야망을 가져라!
   ---▸ **소년이여! 야동을 가져라!**

성공은 1%의 재능과 99%의 노력이 필요하다
   ---▸ **성공은 1%의 재능과 99%의 빽이 필요하다**

하나를 보면 열을 안다
   ---▸ **하나를 보고 열을 알면 무당이다**

원수는 외나무다리에서 만난다
   ---▸ **원수는 회사에서 만난다**

죄는 미워하되 사람은 미워하지 말라
   ---▸ **죄가 무슨 잘못인가, 사람이 잘못이지**

열 번 찍어 안 넘어가는 나무 없다
   ---▸ **열 번 찍어보니 이 나무가 아니더라**

서당 개 삼 년이면 풍월을 읊는다.
    ---▶ 서당 개 삼 년이면 보신탕감이다.

소 잃고 외양간 고친다.
    ---▶ 소 잃고 돼지 키운다.

소문난 잔치에 먹을 것 없다.
    ---▶ 소문난 잔치에 주차할 곳 없다.

기쁨을 나누면 배가 되고, 슬픔을 나누면 반이 된다.
    ---▶ 기쁨을 나누면 질투가 되고, 슬픔을 나누면
        약점이 된다.

chapter 4

유머 트레이닝

네 번째, 유머트레이닝편

1. 유머 전략 7가지

❶ 유머는 자기 비하다

❷ 약점을 인정하라

❸ 주눅 들지 말라

❹ 에피소드에 양념을 쳐라

❺ 때와 타이밍을 적절하게 맞춰라

❻ 유머 이야기를 내 것처럼 만들어라

❼ 반전이 있어야 한다

2. 유머를 가로막는 10가지 변명

3. 유머습관 들이기

1. 유머 전략 7가지

유머는 자기 비하다

위에서 언급된 언어마술 중에는 남을 공략하는 것들이 많았다.
친한 사이가 아닌 경우 상대방의 약점을 공략하는 유머는 조심해서 사용
하라.

자칫 웃기려고 한 것이 죽자고 덤벼들게 되는 상황이 될 수 있다.
남을 비하하며 주변인들을 즐겁게 만들 수도 있지만 자기를 먼저 낮추고
자신을 깎아내리는 방법을 택하라.
자신을 낮출수록 웃음의 크기는 더욱 커진다.

"아.. 난 왜 이렇게 기억력이 없지?
붕어랑 닭도 이 정도는 아닐 것 같은데?
지금 너도 나랑 어떤 사이인지 가물가물해.
이거 기억상실증이야? 아니면 치매야?"

"이거 새로 나온 거야? 난 처음 보는데?
난 왜 이리도 문명의 혜택을 못 받고 살까.
나 같은 놈은 그냥 석기시대로 돌아가서
부싯돌이나 만지작거려야 할 거 같아."

약점을 인정하라

사람은 완벽할 수 없다. 누구나 약점은 있다.
상대가 날 놀리거나 약점을 지적 할 때 그것을 감추려하지 말고 오히려
유머로 승화시켜라.

"너 왕따지?"
"어? 걸렸네? 너희들이 내 인간관계의 전부야. 항상 감사하고 있어."

"너 몸치지?"
"응. 나 심각해. 친구랑 클럽 갔는데 나보고 국민체조 하냐 그러더라고."

"너 컴맹이지?"
"이야~! 역시 넌 예리해! 돗자리 깔아도 되겠어. 하하."

주눅 들지 말라

누구나 이런 얘기를 한번 쯤 들었을 거다.

"야! 썰렁해! 하지 마!!"

내 이야기가 정말 재미없어 그럴 수도 있겠지만 속으로는 분명 웃기면서
도 겉으로는 썰렁하다며 핀잔을 주려는 경우도 있다.
어쨌든 남의 말에 상처받지 말고 당당하게 말할 줄 알아야 한다.

썰렁하다는 말을 자꾸 듣는다면 그만큼 내가 웃기려는 시도를 했다는 증거고 자꾸 썰렁하다보면 그것도 하나의 캐릭터가 되어 주변인들을 즐겁게 만들기도 한다.

가끔 내 직원들이 내게 이런 말들을 던진다.

"제발 아재개그 좀 그만해요! 이제 들어주는 것도 힘들어요."

"이러다가 한여름에 다 같이 얼어 죽겠어요."

참나, 어이가 없다.

마지못해 웃는다는 듯이 말하지만 지들도 어디 가서 열심히 써먹고 있더라.

그럴 거면서 왜 인정을 안 해?!

앞으로 유머가 안 통할 땐 당황하지 말고 한마디 날려줘라.

"니들이 유머를 알아!"

에피소드에 양념을 쳐라

선물도 예쁘게 포장을 해야 받는 사람이 더욱 기쁘고, 음식도 조미료가 들어가야 더욱 맛나듯이 이야기도 재밌게 포장을 해야 듣는 사람이 더욱 즐겁다.

충분히 있을 수 있는 밋밋한 내용에 더 이상 놀라지 않는 시대다.

평범했던 사건을 영화처럼 박진감 넘치게 얘기할 줄 아는 것도 능력이다.

"나 어제 지하철 계단 내려가다 자빠져서 개망신 당했어."

그냥 자빠지고 개망신 당한 건 그렇게 웃기지도 대단하지도 않다.

여기에 살을 붙여 변형해보자.

"나 어제 신사역 개찰구 들어가는데 전철 들어오는 소리가 막 들리는 거야. 그래서 치타처럼 달렸지. 머리털 나고 첨으로 계단을 4칸씩 마구 뛰어 내려가다가 마지막에 착지를 잘못해서 데굴데굴 굴렀거든. 그렇게 몇 바퀴를 굴렀는지 몰라. 웃긴 건 일어나보니 전철에 올라 타있는 거야. 사람들이 박수치더라고. 나 완전 영웅 됐어. 하하."

어떤가?

듣는 사람이 좀 더 흥미진진해지지 않을까?

여기서 웃음 포인트는 '일어나보니 전철에 올라타 있는 거야.'

이 대목에서 빵 터뜨려야 한다.

상대방이 진짜냐고 물을 수 있지만 그것이 진짜든 가짜든 중요하지 않다.

이미 웃었는데 아니면 어떻고 기면 어떨까.

여기서 뻥이라고 하면, '그럼 그렇지'라며 한 번 더 웃게 되는 것이고 진짜라고 하면, '와, 대박'이라는 감탄사와 함께 한번 더 놀라움과 웃음을 주게 되는 것이다.

때와 타이밍을 적절하게 맞춰라

좋은 타이밍에서 순발력과 재치 넘치는 유머가 상대를 사로잡는다.

즉, 적절한 상황에 적절한 언어구사를 해야 한다.

분위기에 어울리지 않는 과도한 말장난은 절대 금물이다.

자칫하다간 공감대는커녕 상대에게 불쾌감을 주는 경우가 생길 수 있다.

특히나 유머코드가 맞지 않는 사람에게 억지로 하지 말라.

한 번 어긋나면 계속 어긋나고 자신감만 잃을 뿐이다.

나 또한 유머코드가 안 맞으면 침묵하고 진지해진다.

이해가 느린 사람에게는 쉽게 이해할 수 있는 유머만 구사한다.

그리고 시끌벅적 어수선하거나 발음전달이 명확하지 않은 장소에서는 가급적 사용하지 않는다.

한 번에 알아듣고 웃어야지 반복해서 되묻게 되면 유머의 가치는 떨어지게 된다.

유머는 타이밍과 매칭이다.

상황을 잘 판단하고 적절한 유머를 발휘하자.

유머 이야기를 내 것처럼 만들어라

상대는 지어낸 유머이야기보다, 남의 이야기보다, 내 이야기를 들을 때 더욱 즐겁고 호응도가 높다.

내 에피소드가 이미 바닥이 났더라면 유머이야기를 내 것처럼 활용하는 것도 좋다.

앞서 말했지만 픽션과 논픽션은 그리 중요하지가 않다.

한 번 웃을 수 있다는 것에 의의를 두자.

인터넷 유머이야기를 마치 내 이야기인 것 마냥 바꿔보겠다.

〈유머〉

강의실에 교수님이 들어오셨다.
강의실 분위기가 갑자기 어수선해지기 시작했다.
교수님의 바지 지퍼가 덜 잠겨서 속옷이 보이고 있었던 거다.
꾹 참고 수업을 진행하던 교수님이 몇 번 주의를 주자 좀 나아지는가 싶었다.
교수님이 칠판에 수업 내용을 적으려고 돌아서자, 갑자기 웅성웅성 해지더니 한꺼번에 웃음이 터졌다.
교수님은 참다못해 뒤도 안 돌아보고 소리쳤다.

"웃는 놈도 나쁘지만, 웃기는 놈이 더 나빠!"

〈내 이야기〉

"예전에 학교 다닐 때 웃긴 사건이 하나 있었다?"

"어떤 사건?"

"국사 선생님이 수업하러 들어오셨는데 바지 자크가 내려가 있던 거야. 안으로 파란 팬티가 훤히 보이고 나랑 친구랑 엄청 웃었지. 선생님이 조용히 하라고 다그쳤는데 우린 도저히 웃음을 못 참겠는 거야. 그런데 갑자기 꽥! 고함을 지르며 한 마디 하시더라고. 완전 빵 터졌지 뭐야."

"왜? 뭐라고 했는데?"

"어떤 놈이야? 수업시간에 웃는 놈도 나쁘지만 계속 웃기는 놈이 더 나빠!"

"하하. 완전 어이없네."

유머이야기를 많이 기억하고 있으면 이런 식으로 활용하는 경우도 많을 것이다.

반전이 있어야 한다

오래전 유명했던 반전만화가 있다. '츄리닝'과 '와당카'.
10컷 내외의 단편 만화인데 마지막 컷에서 예상치 못한 반전으로 배꼽을 빼내고 만다.
궁금증과 기대감을 고조시킨 후 예측하지 못한 결과로 뒤통수를 때리게 하는 유머의 기본원리를 아주 잘 표현하고 있는 것 같다.
우리는 상대방의 행동과 이야기에 어느 정도 기대와 예상을 하게 된다.
그런 예상을 뒤엎는 반전이 있을 때 상대는 빵 터지고 만다.

"이야~ 너 여자들한테 인기 많았겠는 걸?"
"정말?"
"꽃뱀들한테."

이처럼 상대에게 기대감을 조성시킨 후 뒤엎는 거다.

2. 유머를 가로막는 10가지 변명

1. 난 말주변이 없어.

2. 난 재미난 얘깃거리들이 없어.

3. 사람들은 내 얘기에 귀 기울이지 않아.

4. 내가 하면 썰렁하대.

5. 내가 뭘 할 수 있겠어.

6. 가만히 있으면 중간이라도 가지.

7. 튀고싶지 않아.

8. 웃기는 건 개그맨이나 하는 거야.

9. 그냥 이렇게 살다 죽을래.

10. 유머는 타고난 거야.

3. 유머습관 들이기

웃고 웃기는 건 능력이 아니라 습관이다.

유머에 관심을 가져라

내가 골프를 하기 전까지만 해도 골프장과 골프샵은 내 눈에 들어오질 않았다.
그런데 골프를 시작하고 보니 너무나 신기했다.
그동안 없었던 것들이 언제 이렇게 생겨났지?
도로를 달릴 때마다 골프관련 샵이 이렇게 많았나 싶을 정도였다.
관심을 가져야 보인다는 말이 있다.
모든 시작에 첫 단추는 관심이다.
유머에 관심을 갖는 순간 그동안 놓치고 살았던 많은 것들이 내 눈에 즐겁게 비칠 것이다.

수집하고 메모하라

링컨은 모자 속에 종이와 연필을 넣고 다니면서 언제나 기록할 수 있는 준비를 하고 다녔다고 한다. 그래서 링컨의 모자는 움직이는 사무실이라는 말을 듣기도 했다.

이 밖에도 발명왕 에디슨, 옷에다가도 악보를 그린 슈베르트 등 메모로 성공을 이룬 사람들이 많다.

우리도 이러한 메모습관을 가져야 유머에 성공할 수 있다.

유머책, 개그프로그램, 예능프로그램, 라디오, 일상 등 생활 어디에든 유머의 소재는 넘쳐난다.

광부라 생각하고 여기저기서 유머를 캐내고 메모하라.

난 기억력이 나빠서 메모하는 습관이 생겼다.

어느 자리에서든 재미난 행동과 멘트를 듣게 되면 그 자리에서 바로 핸드폰에 메모를 하고 집에 와서 파일에 따로 저장을 해서 모아둔다.

그 덕에 유머러스해질 수 있었고 이렇게 책도 쓰게 되었다.

유머력을 키우는 것도 자기개발의 한 분야다.

유머에 관심을 가졌다면 반드시 수집하고 메모하는 습관을 가져라.

어휘력을 키워라

영어단어를 얼마나 알고 있느냐에 따라 영어를 잘하기도, 못하기도 한다.

우리말도 어휘력을 키워야 그 만큼 활용할 수 있는 단어들이 많아진다.

심지어 단어의 중의적 의미와 유사 의미 등을 잘 활용해 더욱 재밌는 말로 만들어 낼 수가 있다.

자신이 좋아하는 어떤 책이든 상관없이 많이 읽어라.

단, 모르는 단어나 내용이 나오면 반드시 검색을 통해 알고 넘어가야 한다.

다르게 생각하는 연습을 해라

유머는 발상전환에서 온다.

발상을 뒤집으면 아이디어가 떠오른다.

그것이 습관이 되면 세상을 바라보는 또 다는 눈을 가지게 되는 것이다.

만약에~로 시작되는 익살스런 상상을 많이 하라.

저 자판기 안에 사람이 들어가 있다면?

저 리어커 앞에 네비게이션이 달려있다면?

저 수족관에 인어공주가 들어가 있다면?

지하철에서 전철 대신 버스가 온다면?

많이 웃는 사람이 돼라

좋은 인상이란 웃음을 가진 얼굴을 말한다.

첫인상을 좋게 하는 비결도 바로 웃음이다.

내가 웃으면 상대도 웃게 된다.

웃음은 친밀감과 호감을 전달해준다.

그래서인지 잘 웃는 사람 주변엔 늘 사람이 많다.

유머의 절반은 웃기는 것이고, 나머지 절반은 웃어주는 것이다.

웃음이 어색하지 않도록 평상시에 많이 웃는 연습을 하는 것이 좋다.

열심히 연습하라

찰리 채플린이 말했다.

'남들은 내가 무조건 웃기는 줄 아는데, 한번을 웃기기 위해 백번 천 번을 뒤에서 연습한다'

유머는 타고나는 게 아니라 연습하고 노력하는 것이다.

남이 말할 땐 재밌었는데 왜 내가 하면 재미가 없어지는 걸까.

충분한 연습이 안 되어있기 때문이다.

개그프로그램을 보면서 똑같은 행동, 표정, 억양, 속도로 흉내내보고 비교해보아라.

선천적인 재능도 무시할 수 없지만, 노력 또한 무시할 수 없다.

확신하건대 말이란 것은 하면 할수록 잘하게 될 수밖에 없고, 상대의 좋은 반응을 보게 된다면 더욱 쾌감을 느끼게 될 것이다.

처음부터 잘하는 사람은 세상 그 어디에도 없다.

조바심내지 말고, 혼자서 연습해보고

가까운 사람들에게 부담 없이 발휘해 보아라.

감각을 갈고 닦는 노력을 꾸준히 한다면,

인간관계를 풍부하게 만드는 최대의 무기가 되어줄 것이다.

작가에피소드

작가 에피소드

나는 참 파란만장한 삶을 살아온 것 같다.

그러다보니 에피소드도 많을 수밖에 없었는데,
당시엔 슬픔이고 고통이고 웃지 못할 일이었지만
시간이 흐르니 누군가에게 들려줄 재미난 이야기가 되어버렸다.

한때 인터넷 유머작가로 활동하면서
수많은 에피소드를 연재했었는데,
그 중 몇 가지를 더해보았다.
이 글을 읽고서 여러분도 자신의 에피소드를 떠올려보고
몇 가지를 정리해보길 바란다.

만약 내 에피소드가 부족하다면 남의 경험담을 잘 기억했다가
남들에게 재미나게 전달해주는 것도 능력인 듯 하다.

마치 감명 깊게 본 영화를
흥미진진하게 이야기해주는 사람처럼 말이다.

1. 이사 기네스북

1997년도였다.

조선일보 한 면에 각종 기네스북 1위에 관한 내용이 가득 실렸다.

그 중 이사부분이 가장 눈에 들어왔는데,

"집을 가장 많이 옮겨 다닌 사람은 관악구의 김영자 씨. 지금까지 모두 33번의 이사를 했다."

공교롭게도 김영자 씨는 바로....

우리 엄마다.

그 이후로도 20번 넘게 이사를 한 것 같으니 지금쯤 세계 기네스북에도 올라있지 않을까 싶다.

이 얘기를 하면 다들 놀라며 이유를 묻지만, 나도 이해 안가는 바가 많다. 아직도 미스테리다.

아무튼 이사를 많이 가다보니 자연스럽게 전학도 8번이나 다니게 되었는데 이것 또한 기네스북 감이 아닐까 싶지만 더 웃긴 건 전학을 간 경로다.

인헌초등학교(봉천동 입학) -〉 검단초등학교(성남) -〉 인헌초등학교(봉천동) -〉 문백초등학교(시흥동) -〉 인헌초등학교(봉천동) -〉 발산초등학교(내발산동 졸업) -〉 덕원중학교(내발산동) -〉 인헌중학교(봉천동) -〉 양서중학교(신월동) -〉 상도중학교(상도동 졸업) -〉 인헌고등학교(봉천동)

봉천동을 기점으로 갔다리 왔다리 갔다리 왔다리.

다시 돌아오고 또 다시 돌아오고 또 다시 돌아오고.

아니, 전학 간 학생이 다시 돌아오는 경우가 있단 말인가.

전학 올 때마다 반 아이들이 하는 말.

"쟤, 또 왔어!"

"무슨 지네 집 안방 넘나드는 것도 아니고 말야!"

"아니 무슨 부메랑이야? 왜 자꾸 돌아오고 지랄이야."

처음에는 교탁 앞에 서서 자기소개 하라하면 연탄불 위에 올려둔 오징어마냥 몸을 베베꼬꼬 민망해서 난리였는데, 점점 진화가 되더니 어느새 국회의원 뺨칠 정도의 연설을 하게 되었다.

사교성과 생활력도 풍부해져 아마 아프리카에 던져놔도 1주일 만에 추장하게 될 것 같은 느낌이었다.

이처럼 이사를 많이 가다보니 웃지 못 할 에피소드도 많았다.

첫 번째는 군대 이등병 때 일이다.

처음으로 가족과 멀리 떨어져 억압된 환경에서 힘들고 서럽고 외롭고 그리움의 눈물로 하루하루 연명해 나가야했던 그 시절.

엄마, 아빠의 첫 글자만 생각해도 눈물이 쭈르르륵 흐르던 그 때, 첫 휴가를 나오게 되었다.

보고픈 어머님 얼굴을 그리며 집에 도착해 떨리는 손으로 초인종을 눌러댔다.

잠시 후, 엄마의 얼굴이 아닌 웬 낯선 아줌마 한 분이 현관문을 열고 나오시는 거다.

뭔가 이상해서 물었다.

"저.. 여기 저희 집 아닌가요?"

"네? 여기 저희 집인데요?"

"헉! 어, 언제부터요?"

"저희 지난달 이사 들어왔거든요."

"저.. 그럼 저희 집 어디로 이사 갔나요?"

"그걸 제가 어떻게 알아요? 이상한 사람이네."

"아.. 네.. 죄송합니다.."

잊고 있었다. 우리 집 이사가 거의 월례행사 수준이었다는 걸.

핸드폰도 없고 전화번호 수첩도 없어서 집과 연락이 닿을 길이 없었다.

그날 난, 낙동강 오리알 신세가 되어버리고 말았다.

두 번 째는 동사무소에서 있었던 일이다.

엄마의 심부름으로 동사무소에 초본을 떼러갔다.

동사무소 아주머니가 인적사항을 컴퓨터에 입력 하고나니 잠시 후 낡은 프린터기에서 달그락달그락 요란한 굉음이 울리기 시작했다.

그리고는 A4용지가 자신의 몸에 한 줄씩 한 줄씩 문신을 새기며 힘겹게 출력되어 나왔다.

"위이이잉~ 칙. 위이이잉~ 칙... 위이잉~"

종이가 연달아 계속 나오자 아줌마 한 분이 놀라며 프린터기 버튼을 이리저리 마구 눌러댔다.

"왜 그러지? 프린터기가 이상하네!"

옆에 있던 아줌마도 놀라더니 손바닥으로 배구공 후려치듯이 프린터기를 마구 쥐 패는 것이다.

"이거'안 멈춰요! 이리 좀 와 주세요! 쾅쾅쾅!!"

프린터기를 부여잡고서 아줌마 두 명이 씨름을 하자 동사무소장님까지 뭔일 났나싶어 부랴부랴 뛰어오는 것이다.

그제서야 프린터기가 언제 그랬냐는 듯 조용해졌고 총 4장의 종이가 나와 있었다.

"이상하네. 한 장이면 되는데 왜 네 장씩이나 나오지? 매수를 잘못 눌렀나?"

한 아주머니가 출력된 종이들을 한 장씩 살펴보더니 놀라움을 금치 못했다.

"어머나! 이럴 수가!"

"왜 또 뭔 일인데?"

동사무소장님이 안경을 치켜 올리며 종이들을 유심히 바라보았다.

"뭐여? 이사를 이렇게 많이 갔다고?"

다들 놀란 동태눈으로 나를 빤히 바라봤다.

난 그 때 감을 잡았다.

아, 초본이라는 게 이사 간 경로가 다 실리는 거구나.

"하하. 이사를 참 많이 했죠?"

"지금껏 두 장은 봤지만 이렇게 네 장씩이나 나온 건 처음...."

"아. 저희 집이 이사 기네스북 1위에 올라있거든요. 하하."

모두들 나를 존경어린 눈빛으로 한참을 바라봤다.
그리고는 한사람씩 박수를 치는 것이다.

"와우~~ 짝짝짝!!!!"

"이야! 이거 싸인이라도 받아둬야겠어!"

"같이 기념사진이라도 한 장..."

순간, 서류 떼러 온 손님들까지 모두 날 바라봤고 난 마치 연예인이 된
듯한 느낌이었다.

"네? 창피하게 뭐 이런 걸 가지고요. 그럼 수고하세요. 하핫."

그 날을 잊을 수 없다. 동사무소에 초본 떼러 갔다가 박수갈채 받아본 건
아마 국내 처음 있는 일일 거다.

세 번째 에피소드.

5층집 빌라 꼭대기 층에서 엄마랑 둘이서 오순도순 행복하게 살던 어느
날 아침이었다.
인터넷을 하다가 꼬박 밤을 지새우고 아침에 요기나 하고 자려고 식탁에
앉았다.
부스럭부스럭 이것저것 꺼내먹고 있는데 엄마가 안방 문을 열고 나오는
것이다.

"이그 또 군것질이야! 밥을 먹어야지!"
"나 밤 샜거든. 간단히 먹고 자려고."
"뭐 밤을 새? 또 야동 봤어?"
"내가 나이가 몇 갠데 그런걸 봐. 지금 할 것도 많아 죽겠구만."
"너 엄마가 트로트 좀 CD에 구워달라는 건 했어, 안했어?"
"아 맞다!"
"으이구. 머리에 붕어들이 사나."
"깜빡할 수도 있는 거지 뭘 그래."
"그게 어디 한 두 번이야! 머리를 못 믿으면 좀 메모를 해두던가! 뭐 하나
하려면 몇 번을 떠들어야 해요!"
"알았어! 이따가 구워줄게! 아침부터 짜증나게..."
"이게 어디서 눈을 땡그랗게 뜨고 확 그냥...."
"그럼 눈을 땡그랗게 뜨지! 엄만 네모낳게 떠??"
"뭣이? 이걸 확 그냥!"

밥주걱을 집어던질 것 같던 기세를 보이던 엄마가 갑자기 털썩 주저앉는 것이다.

"아참...."
"왜?"
"아이고야!!"
"왜 그래?"
무릎을 내리치며 안절부절 못하는 엄마다.

"내가 미쳐요 미쳐. 이걸 깜빡하다니. 내 정신 좀 봐라."
"도대체 뭘??"
"오늘..."
"아 답답하게 오늘 뭐??"
"11시에..."
"아 빨리 좀 말해봐."
"이사한다."
"........."

순간, 집안에 엄청난 냉기가 흘렀다.
아무리 이사를 많이 다녀서 감각이 둔해졌다 하더라도 그렇지.
보통 한 달 전쯤 얘기가 오가고, 조금씩 짐도 꾸리고, 마음의 준비도 해야 하는 게 정상 아닌가?
그런데 1주일 전도 아니고, 최소 하루 전도 아니고, 불과 3시간 전에 알려주는 게 어디 있단 말인가.

집안을 둘러봤다.

제자리에 아주 잘 정리정돈 되어있는 가구들과 전자제품들.

누가 봐도 잠시 후 이사 갈 집이라고 느낄 수 없었다.

지금부터 포장하고 담아야 할 녀석들만 수백 개가 넘는다.

"미안한 얘기지만 내가 솔직히 엄마 머리 안 믿고 살았거든. 언젠가 이런 날 올 줄 알았어."

"이걸 어째. 엄마도 요즘 일 때문에 정신이 없다보니.. 날짜를 헷갈렸네."

"됐어. 박스 구하러 갔다 올게."

"그래 어여 갔다 와. 엄만 짐 좀 정리하고 있을게."

어느덧 11시가 되었고 인부들의 인기척이 요란하게 들리며 벨소리가 딩동~!하고 울려댔다.

문을 열어주자, 한 인부 아저씨가 열린 문틈으로 집 내부를 얼핏 보고는,

"아이쿠, 잘못 왔나보네요. 죄송합니다. 이 집이 아닌가벼?"

황급히 나가려고 하는 아저씨를 붙잡으며 차마 하지 못할 말을 내뱉었다.

"아저씨…"

"예?"

"이 집 맞아요."

"뭐요? 그럼 짐을 하나도 안 싸고서 부른 거예요? 아니! 주말에 시간이 금인 사람들 불러놓고 장난하나!"

버럭버럭 화를 내는 아저씨에게 침착하게 말했다.

"아저씨, 너무 화내지 마시고 지금부터 잘 보세요."

흥분한 아저씨들을 달래고서 엄마랑 난 2인 1조로 그동안 축적된 팀웍을 발휘했다.

엄마가 살림들을 박스에 후다닥 집어넣으면 난 박스를 테이프로 동봉하고 후다닥 베란다 사다리차까지 나르곤 했다.

얼마나 빨리 움직였는지 경제용어로 일명 '보이지 않는 손' 그 자체였다.

걱정 어린 눈으로 가득했던 인부아저씨들의 표정은 언제 그랬냐는 사람들처럼 어리둥절해하는 표정이었다.

순식간에 모든 짐들이 차에 실리고 엄마차가 화물차 앞에 섰다.

난 화물차 운전석 옆 자리에 앉았는데 운전대를 잡고있던 50대 아저씨가 말했다.

"내가 이사경력 20년인데 이런 집은 처음 보네요."

"어떤 집이요?"

"아니, 이삿짐을 하나도 안 싸두고 부른 집도 처음이지만 이렇게 빨리 짐을 싸는 집도 처음 봅니다."

"아저씨. 재미난 사실 하나 알려드릴까요?"

"뭐요?"

"저희 집이 우리나라에서 이사 가장 많이 간 집 기네스북 1위에 올라있거든요. 지금껏 40번 넘게 갔어요."

아저씨가 놀란 토끼눈으로 쳐다보는 것이다.

"와! 정말요??"

"네! 너무 많이 이사를 가서 이젠 짐 싸는 건 일도 아니에요."

"거참 살다보니 별일 다 있네. 하하!"

엄지손가락을 높이 치켜세우며 환하게 웃는 아저씨의 모습이 아직도
생생하다.

2. 월드컵 티셔츠

2002년 한일 월드컵의 함성을 기억하는가?

4강 신화를 달성하고 온 국민이 붉은색 유니폼을 입고 거리로 뛰쳐나와 빨간 물결을 이루며 "대한민국"을 외치던 그 때.

당시에 붉은악마 티셔츠가 대한민국 인구수보다도 많이 팔렸다는 말이 있다. 빨간색 원단이 부족해 흰색원단에 염색까지 해서 팔았을 정도라던데, 티셔츠 팔아 로또당첨 된 사람이 여러 명이었다.

당시 나는 출렁이는 대형 태극기를 바라보며 굳은 다짐을 했다.

4년 후 독일 월드컵에서 한번 대박 내보겠노라고.

시간이 흘러 2006년 독일 월드컵이 다가왔다.

친구들을 모아 티셔츠 사업계획을 하게 되었는데 막상 하려고 하니 그때와 다르게 변수가 많았다.

> 첫 번째. 우리나라가 아닌 독일에서 월드컵을 한다는 것.
> 두 번째. 시차가 있어 낮이 아니라 밤에 경기를 한다는 것.
> 세 번째. 4년 전 붉은 티셔츠를 샀던 사람들이 그때 옷을 꺼내 입을 수 있다는 것.
> 네 번째. 브랜드 매장에서도 붉은 티셔츠 판매를 할 가능성이 높다는 것.
> 다섯 번째. 나와 같은 생각을 하고 있는 사람들이 많을 것 같다는 것.

이래저래 고민이었다.

하지만 구덩이 무서워 장 못 담글까. 싸나이 마음먹은 거 한번 해보자!

우린 남들보다 일찍 2월부터 움직였고 디자인에 '디'자도 모르던 내가 머리털 나고 첨으로 디자인이라는 걸 해봤다.

반팔티 목 부분과 팔 쪽 테두리에 흰색 원단으로 이중 라운딩 처리를 했고, 앞면 중앙에 태극기를 돋보이게 하기 위해 절개를 하여 흰색 원단을 썼고, 그 위에 발포나염이라는 특수처리를 해서 태극기를 입체감 있게 뽈록 튀어나오게 만들었다.

그 밑엔 'we are the one'이란 문구를 글라데이션 효과로 넣었으며 왼팔 쪽 부분엔 'I ♡ KOREA', 그리고 목 뒤엔 '대~한민국!' 이란 문구와 함께 이모티콘을 넣었다.

친구가 디자인 작업을 마치고 파일로 이미지를 보내줬는데 모니터 앞에 옹기종기 모여서 우린 감격을 느꼈다.

나: "아, 앙드레 김도 울고 갈 패션의 완성이구나!"
친구1: "이렇게 보니까 너무 훌륭하네. 이제 돈다발로 만리장성 쌓는 건 시간문제겠어. 하하."

이를 안쓰럽게 쳐다보던 엄마가 거침없는 한마디를 내뱉고는 사라지셨다.

엄마: "한번 입고 버릴 옷에 아주 그냥 생지랄들이네~! 하여간 똥은 똥끼리 뭉친다고.. 쯧쯧."

엄마 말이 자꾸만 환청으로 들려왔다.
"한번 입고 버릴 옷에 아주 그냥 생지랄.... 한번 입고 버릴 옷에 아주 그냥 생지랄..."
이 때 엄마가 좀 더 적극적인 의지로 우리를 말려주었더라면 우리에게 비극은 찾아오지 않았을 것이다.

우린 희망찬 발걸음으로 왕십리의 여러 공장들을 찾아다니며 원가를 흥정하기 시작했고 그 중에서 가장 합당한 곳을 찾아 물량을 찍어내기 시작했다.

원가가 한 벌 당 5,300원이었는데 좀 비싸단 생각은 들었지만 생각보다 티셔츠가 너무나도 훌륭하게 나와서 나름 만족할 수 있었다.

태극기도 워낙 강렬하고 이정도면 붉은악마들과 섞여있어도 가장 띌 것이 분명했다.

그 옷을 입고서 동대문 두타, 밀리오레, 에이피엠을 시작으로 남대문, 안양 1번가 등 의류의 메카로 불리는 장소를 싹 돌며 상인들에게 납품을 시도했다.

여럿이서 눈에 확 튀는 붉은 티셔츠를 입고 거리를 활보하니 모든 상인들이 쳐다보며 수근거렸다.

"아, 이제 곧 월드컵이구나.."

"맞다! 저 티셔츠 예전에 대박 났었지?"

"와~ 태극기 너무 강렬하고 이쁘다~~"

상인들도 4년 전 '대박'을 기억했는지 여기저기서 옷을 사이즈별로 달라며 뜨거운 반응을 보였다.

그런데 5,300원이 원가다보니 소매상에 최소 7,000원에 넘겨야 했고 상인들은 소비자에게 장당 만원에서 12,000원 정도는 받아야 했기에 걱정의 눈빛도 역력했다.

아무튼 기대이상으로 오프라인 매장들을 석권하고는 온라인 시장까지 진입하기 위해 비쥬얼 좋은 동생들을 모아 스튜디오에 집결했다.

온갖 월드컵 패션으로 치장을 하고선 사진을 멋지게 찍은 후 옥션과 지마켓에도 거침없는 공략을 시작했다.

이러다 정말 대박 나는 건 아닌가 할 정도로 호응이 매우 좋았고 우린 행복한 상상의 나래를 펼치게 되었다.

친구1: "돈 많이 벌면 뭐할 거야?"

나: "내 애마먼저 바꾸려고. 남들이 경운기 같다고 욕하거든. 벤츠로 바꿀까 생각 중. 넌?"

친구1: "난 맘 편히 유럽여행 한번 갔다 오려고. 상훈이 넌?"

친구2: "음... 나는 좀 소박해. 작은 커피숍 하나 차리는 거?"

이렇게 행복했던 시간은 서서히 막을 내려가는 듯 했다.

4월쯤 접어들자 역시 예상대로 엄청나게 많은 브랜드에서 월드컵티를 판매하기 시작했고 온라인상에서도 우리와 같은 경쟁자들이 하루가 다르게 늘어나고 있었다.

더욱 큰 문제는 그동안 힘들게 납품했던 가게들에서 더 이상 사입을 할 수가 없다는 통보였다.

옆 가게에서 5,000원~7,000원씩 팔아대는데 도저히 이길 수가 없다는 것이다.

난제를 해결하기 위해 다 같이 머리를 맞대고 궁리하던 중, 중국에서 의류업에 종사하고 있는 친구와 연락이 닿을 수 있었고 다행히도 중국 쪽 공장이랑 연결이 되었다.

하늘이 무너져도 솟아날 구멍이 있다고, 천만다행이었다.

중국에서 한국까지 오는 과정이 복잡해 시간이 걸리는 문제는 있었지만 원가가 3,300원으로 2,000원이나 낮춰졌고 원단과 색감이 한국에서 것보다 더욱 만족스러웠다.

가격경쟁에서 밀렸던 우리는 중국공장을 발판으로 다시 의기투합해 허리띠 졸라매고 마진을 줄여서 4,500원에 소매상에 넘기게 되었다.

그리고 지인의 도움으로 운 좋게도 특집 프로그램 'MBC 이경규가 간다' 방송에 협찬을 하게 되었고 이경규, 조형기 아저씨가 치어걸들과 함께 우리 옷을 입고 방송에 나가기도 했다. 물론 중간에 나이키 티셔츠로 바뀌긴 했지만 우리로선 너무나 감사할 따름이었다.

방송에 나간 화면을 캡쳐하고 출력해서 그동안 납품했던 가게들을 찾아가 마네킹에 걸려있는 붉은티에다가 사진들을 한 장씩 붙여주고는 했다.

그렇게 해서 판매량이 다시 불붙는 듯 했다.

어느덧 대망의 독일월드컵이 시작되었고 사람들이 많이 모이는 곳들을 2인1조로 다니면서 좌판을 깔고 직접 판매도 시작했다.

온라인, 오프라인판매, 납품한 가게들 역시 순조롭게 잘 풀려나가는 듯 했다.

그러던 중, 중대한 결정을 내려야 할 순간이 찾아왔다.

2002년도에 우리나라가 16강, 8강, 4강을 진출하면서 붉은티가 기하급수적으로 팔려나갔던 건데 그렇다면 우리도 16강을 미리 예측하고 준비해야만 했다.

중국공장에서 생산을 하다 보니 한국까지 넘어오는데 시간이 최소 1주일 이상은 걸리기 때문이다.

과연 16강 진출에 성공할 것인가?

현재까지 토고와의 첫 경기를 승리하고 프랑스와 비기면서 1승1무의 성적이므로 스위스와 비기기만 해도 16강에 진출할 수 있는 상황이었다.

비상대책회의를 열었다.

나: "일생일대 가장 큰 결정의 순간이 왔다. 각자 의견 말해봐."

친구1: "남자가 칼을 뽑았으면 끝까지 가야지. 난 찬성!"

친구2: "젊었을 때 고생 사서도 한다고 이미 고생할 각오 되어 있어. 나도 찬성!"

나: "좋아. 우리 하나만 약속하자. 만약에 지더라도.. 조국을 원망하지 말자."

결국 중국에다가 1만장의 오더를 넣는 만행을 저질렀다.

자그마치 3,000만원이 넘는 액수였다.

20대 후반인 우리에게 꽤나 큰 돈이었다.

모두들 전 재산 탈탈 털고도 돈이 부족해 엄마, 아빠라는 분들께 대출까지 시도했다.

카지노에서 전재산을 걸고 모든 칩을 포커판 안으로 올인 하는 느낌이었다.

2006년 6월 24일.

조별예선 마지막 상대인 스위스와의 경기가 열리는 날이었다.

동업자들과 함께 상암구장에 가서 전광판 영상을 보며 응원을 했는데 매 월드컵 경기 때마다 광분하는 나였지만 이번 경기는 그 어느 때보다도 떨리고 흥분되는 순간 이었다.

죽느냐, 사느냐가 달려있는 문제였다.

스위스 선수들이 우리 쪽 문전 앞으로 쳐들어올 때마다 어찌나 손에 땀이 흐르는지 이건 스포츠를 즐기는 심정이 아니라 가슴 졸이며 도박을 하는 듯 했다.

텅 빈 운동장은 중국 공장으로 오버랩되어 보였고 그곳에 중국 노동자가 열심히 티셔츠를 뽑아내서 하늘 높이 쌓아가는 듯 했다.

정신 차리고 축구경기에 몰입하자 뭔가 탐탁지 않은 상황들이 전개되었다.

피파 회장이 스위스사람이라 그런지 주심의 편파판정이 많은 듯 했다.

경기는 불안해져만 갔고 주심을 맡게 된 엘리손도가 결국 커다란 만행을 저지르고 말았다.

선심의 오프사이드 기가 올라갔음에도 불구하고 스위스선수가 차 넣은 볼을 골로 인정한 것이다.

선수들은 흥분해서 항의했지만 안정환, 최진철, 이천수가 옐로카드를 받게 되고 경기는 최악의 상황으로 이어졌다.

결국 있어서는 안 될, 아니 제발 발생하지 않았으면 하는 일이 현실로 찾아온 것이다.

전광판에 스코어가 우릴 망연자실하게 만들었다.

[스위스 2:0 대한민국]

대한민국 16강 좌절!

경기종료를 알리는 주심의 휘슬소리를 듣는 순간, 그 자리에서 혀를 깨물고 죽을 뻔했다.

"으아아악!!!!!"

"이러지마. 안 돼!!!!"

모든 것이 믿기지가 않았다. 심판이 너무나도 원망스러웠다.

권총 한 자루만 쥐어준다면 바로 엘리손도 주심한테로 날아가고 싶었다.

편파판정으로 인해 대한민국이 분노했고 재경기 설도 나왔는데 지푸라기라도 잡는 심정으로 재경기를 위해 여기저기 글도 보내보고 했지만 모든 것은 속수무책이었다.

그 날 이후로 난 식물인간이 되어버렸다.

부모님의 장례식을 치루고 온 사람처럼 며칠간 방 안에서 꼼짝 안하고 쓰러져 있었다.

계속해서 울려대는 초인종 소리에 힘없이 나가보니, 얼마 전 오더를 넣었던 어마어마한 양의 티가 화물차에서 수백박스가 내려지는 것이다.

당시에 우리집을 사업장으로 쓰고 있었는데 안방부터 시작해서 내방, 거실, 베란다, 창고 등 공간이 있는 곳엔 무조건 쌓아 올려야했다.

집 곳곳에 원각사지 10층 석탑이 즐비했다.

혹시나 자다가 잘 못 건드리는 날엔 깔려서 오징어 되는 건 일도 아니었다.

아무 죄 없는 엄마도 잘 때 새우잠을 자야했고 서로 긴장의 끈을 놓을 수 없었다.

엄마: "샹! 내가 이럴 줄 알았다니까! 못살아 증말~! 이게 집이야? 이마트 창고지!"

나: "……"

엄마: "집이 이게 뭐냐! 냉장고 문도 제대로 못 열겠고 말야! 어휴.. 내가 그때 니 애비 술만 안 먹였어도 오늘 너는 없는 건데.. 어휴.. 시간을 돌릴 수도 없고."

아빠가 돌아가시고 엄마랑 둘이 살고 있었는데 엄마한테 짐만 되어가는 내가 너무나 한심해보였다.

이 수 많은 박스들을 처리하기 위해 외국 관광객들이 많이 찾는 이태원과 남대문을 돌아다니며 상인들에게 헐값에 넘기려 해봤다.

나: "저 사장님. 티셔츠 장당 1,000원에 넘길게요. 100장만 사주세요. 플리즈.."

상인: "허허. 젊은 친구가 재밌네. 저기 박스들 보이지? 내꺼 장당 500원씩 사갈 테야?"

자기네도 팔다 남은 게 수백 벌, 수천 벌은 있다며 손을 내저었다.

정말 절벽에서 추락하는 기분이었다.

결국 다음 월드컵인 2010년 남아공월드컵까지 기다려야 하는 수밖에 없었다.

4년동안 이 처치곤란의 짐들과 함께 생활해야 하는 것도 비극이었지만 이사를 수없이 다니다보니 이사 때마다 수많은 박스들을 옮겨 다니는 것도 일이었다.

이런 걸 두고 엎친데 덮친 격이라 하나?

그렇게 오랜 시간을 힘겹게 보관하다보니 습기 차서 곰팡이 썩는 옷들이 늘어갔고 무려 천 장 이상을 버리게 되었다.

눈물이 흘렀다. 예수님의 피눈물이 이런 것일까.

이젠 박스들만 쳐다봐도 현기증이 생기고 미칠 것 같아 절반 정도를 여러 단체에 기부했다.

가슴은 쓰렸지만 그래도 좋은 일 한 것 같아 참을 수 있었다.

나머지 수천 벌과 긴 시간을 동고동락하며 지내다보니 어느덧 2010년 남아공 월드컵이 찾아왔다.

동대문 곳곳을 발품 팔며 많은 상인들과 접촉을 시도해봤다.

정말 다행스럽게도 평화시장의 어느 상인과 얘기가 잘 되어 장당 500원씩으로 땡처리를 하게 되었다.

장당 2800원씩 손해 보는 장사였지만 총 250만원 가량을 받고나니 후련한 감격의 눈물이 쏟아져 내렸다.

이로써 지긋지긋했던 나의 월드컵 티 장사사업은 막을 내렸다.

순간의 선택이 평생을 좌우한다 그랬나.

한 번의 잘 못된 선택으로 4년 동안 피를 말린 격이었다.

그러나 아픈 만큼 성숙해진다는 말처럼 배운 것도 많고 느낀 점도 많은 것 같다.

이제는 술자리에서 안주삼아 얘기할 수 있는 추억도 되었고 말이다.

그런데 한 가지 재밌는 건 2006년엔 월드컵티를 팔았던 사람들 모두가 힘들었다고 한다.

다들 2002년 향수에만 너무 젖어서 달라진 변수들을 예상하지 못했던 것이다.

그리고 4강을 갔으니 당연히 16강도 갈 거라는 막연한 기대감도 한 몫 했던 것 같다.

그런데 항상 뛰는 놈 위에 나는 놈이 있다고, 그런 힘든 환경에서도 또 한번 놀라운 대박을 친 사람들이 있다.

바로 야광뿔을 팔고 다닌 사람들이다.

얼마나 인기가 많았으면 부족한 물량 때문에 부르는게 값이었다.

나중엔 사고 싶어도 살 수가 없을 정도였다.

'아, 난 왜 그 생각을 못했을까', '아, 난 왜 항상 한발 느린 걸까'

큰 교훈 하나를 얻은 추억이었다.

성공하려면 한 발 치 앞을 내다보는 선견지명이 필요하다는 것.

3. 왕자님 배달하기

대학시절 학비를 벌기 위해 알바로 대리운전을 시작했다.

지금은 대리운전이 워낙 대중화되어 부담되지 않은 금액에 이용할 수가 있지만 당시에는 업체도 적었고 네트워크가 형성되어 있질 않아 요금이 꽤나 비쌌다.

강남에서 한강다리만 건너도 기본 3만원이 나올 정도니 지금의 두 배가 넘는 수준이었다.

때문에 대리운전을 부르는 경우는 크게 두 가지였는데,

첫 번 째. 정말 취했거나.

두 번 째. 돈이 많거나.

대부분 이 두 가지 조건을 모두 충족한 경우가 많았다.

어중간한 사람들은 음주운전을 택하던가 아니면 차를 두고 택시를 타고 귀가했다.

그랬던 터라 내가 손님을 모시러 가보면 대부분 처음 타보는 외제차에 술은 떡이 되어 있는 상태였다.

세상몰라라 시체처럼 잠들어있는 사람을 깨워서 커뮤니케이션을 시도한다는 것이 그리 힘든 일인 줄 몰랐다.

"이거 시동은 어떻게 거나요?"

"$#@%$@%@&%$"

"백미러는 어떻게 펴야하죠?"

"@^#*(((^)$##@$%#@%"

"저.. 와이퍼가 안 움직이는데.."
"에..~이~씨.. 떡~국.. 뭔 말이.. 많아.. 떡~국~!@^%$*#"

무슨 말인지도 못 알아먹겠고 오히려 귀찮게 한다고 욕 한바가지 먹고 시작하는 일이 부지기수였다.
차라리 목적지만 정확히 알아내고 나머지는 혼자의 능력으로 풀어나가는 게 현명했다.
그러다보니 사건들이 하나씩 터지기 시작했다.

대리운전을 시작한지 며칠 안 되었을 때였다.
당시 내 차는 엑센트였고 처음으로 외제차를 몰아보는 상황이었다.
설레이기도 했지만 남의 고급차를 운전하려니 긴장의 땀이 주르륵 흘러내렸다.
네비게이션도 없던 때라 바짝 긴장하고서 조심스럽게 이정표를 보며 달렸는데 뭔가 이상했다.
차가 덩치가 커서 그런지 속력이 나질 않는 거다.
'외제차가 겉만 뻔지르지 실속은 없구나'라고 생각하며 목적지에 도착했다.
차를 파킹하고 차에서 내리는데 강한 탄내가 코를 찌르는 거다.

"뭐야! 이 탄 냄새는!"
"글세요. 이 근처에 소각장이라도.."
"으! 타이어 냄새잖아! 설마 사이드 채우고 온 거 아니지!"
"설마요..."

그 날 설마가 사람 잡았다.

알고 보니 사이드브레이크가 잠긴 채로 왔던 거였다.

사이드브레이크가 운전석과 조수석 사이에 있는 게 아니었던가?

언제 발밑으로 내려갔단 말인가!

"이거 어떻게 책임질 거야! 어!"

"죄송합니다. 정말 죄송합니다."

결국, 욕을 진탕 먹고 대리운전비는 커녕 손해배상 안 당한 게 천만다행
이었다.

이렇게 시작된 사건은 봇물 터지듯 이어져나갔다.

얼마 후 처음 보는 차에 타게 되었는데 이번에도 손님은 뒷자리에서 술
냄새를 팍팍 풍기며 곤히 잠들어 있었다.

접혀있던 백미러를 펴야하는데 화려하게 수놓아진 버튼들을 모
조리 눌러봐도 도저히 백미러가 움직이질 않는 거다.

손님은 아무리 깨워도 대답이 없고 혼자 한참을 쩔쩔매다 좋은
묘책을 떠올렸다.

왼쪽창문은 반쯤 열어두고, 룸미러는 오른쪽으로 각도를 틀어
두고 출발했다.

왼쪽으로 차선변경을 할 때는 고개를 창밖으로 빼며 이동했고 오른쪽 차
선은 룸미러로 뒤에서 달려오는 차를 파악했다.

'후후. 역시 난 천재인거 같아.'

그러나 한 가지 놓친 점이 있었다.

룸미러로는 사각지대를 볼 수는 없다는 것.

바짝 붙어있는 차를 보지 못하고 우측으로 차선 변경을 시도했는데 옆 차 운전자가 급하게 방향을 틀며 크렉션을 심하게 울려댔다.

"빵빵빵!!!!!"

그리고는 내 옆으로 바짝 붙더니 심한 욕을 퍼붓는 것이다.

"야 이 개XX야! 운전 똑바로 못 해!!"

나도 화들짝 놀랐고 민망해서 앞만 보고 달아나려했다.

그런데 쌍라이트를 깜빡깜빡 쏘아비치며 쫓아오더니 창밖으로 손가락질을 하는 것이다.

"야!! 너 뒤질래!!!"

나는 경마장 말처럼 오로지 앞만 보며 질주했다.

옆으로 고개 돌려 마주치기 무서웠다.

"왜 자꾸 빵빵거려! 뭔데?"

뒤늦게 손님이 정신 차리며 짜증 섞인 어조로 물었다.

"아.. 아무 일 아니에요."

"뭐 잘못했어?!"

"아니, 앞에 어떤 차가 끼어 들어서 저차가 화났나 봐요."

"우리 차에 문제 있는 거 아니지?"

"문제 많죠. 백미러가 접혀있는데."

이렇게 말하고 싶었지만 그랬다간 생매장 당할지도 모른다.

"그럼요. 걱정마시고 주무세요. 하하."

웃음으로 무마시키고 얼른 재웠다. 그리고 목적지까지 목숨 건 질주를 계속 해야만 했다.

다행히도 별 사고 없이 잘 도착하긴 했지만 아찔했던 순간을 생각하니 온몸에 털들이 삐쭉삐쭉 일어나는 느낌이었다.

세상엔 왜 이렇게도 별의 별 차가 많은 걸까.

한가지로 좀 통일을 시키지 왜 매번 사람 헷갈리게 만드냐고.

어떤 차는 올라타니 핸들이 보이질 않고, 어떤 차는 변속기가 핸들 옆에 달려있고, 어떤 차는 키를 넣는 구멍이 보이질 않고…

지금이야 이런 차들이 많지만 당시에는 처음 보는 일들이라 매번 긴장의 연속이었고 사건의 연속이었다.

그러나 이때까지의 사건들은 모두 조족지혈이었다.

비가 추적추적 내리던 어느 날이었다.

벤츠였던걸로 기억한다.

손님은 이미 뒷자석에서 大자로 뻗어있었고 회사직원이 목적지를 알려주고는 먼저 가버렸다.

시동을 걸고 출발하려하는데 와이퍼 작동키가 아무리 찾아봐도 보이질 않는 것이다.

이것저것 다 돌려도 보고 눌러도 보고 만져도 봤지만 도무지 와이퍼가 움직일 기미가 안 보인다.

손님을 깨워 물어보려했지만 완전 실신상태라 포기해야했다.

다행히도 비가 많이 내리고 있는 건 아니어서 조심스럽게 가보자라는 생각으로 일단 출발했다.

한 방울씩 내린 빗물들이 유리창에 고여 시야가 점점 흐려졌다.

갑자기 맞은편에서 승용차 한 대가 쌍라이트를 키면서 정면으로 돌진을 해온다.

일촉즉발의 순간이었다.

"으악!! 빵빵!!! 저 미친놈......!!!"

핸들을 재빨리 틀어 대형사고를 면할 수가 있었다.

죽다 살아난 기분이었다.

혼자서 씩씩거리며 흥분을 참지 못하고 있는데 뒷자석에서 좀 전까지 태평하게 뻗어있던 손님이 깜짝 놀라며 일어나는 것이다.

"뭐여! 뭔일이여!"

"그게 어떤 미친놈이 중앙차선을 침범하는 바람에...."

"앗!! 앞에!! 앞에!!!!"

갑자기 정면을 가리키며 소리치는 것이다.

"으악~!!!! 저 미친..."

또 한 번의 정면충돌이 있을 뻔했는데 기가막힌 손놀림으로 핸들을 틀며 가까스로 생명을 지킬 수 있었다.

너무 놀란 나머지 인도 옆에 차를 잠시 세웠다.

이대로 가다간 죽을 것 같다는 생각이 들어 손님에게 와이퍼 켜는 방법을 물어보려했다.

그런데 손님이 창문을 열고 주변을 두리번두리번 거리더니 갑자기 다그치는 것이다.

"야 이 미친놈아!! 일방통행길로 들어오면 어떡해!!!"

"네? 여기가 일방통행길이라고요?"

"목동에 일방통행길이 많다는 거 몰라!!"

아뿔사, 그럼 지금까지 상대방이 중앙차선을 침범한 게 아니라 내가 일방통행길로 역주행을 하고 있었단 말인가.

무슨 '분노의 질주' 영화도 아니고 대형사고 안 난 게 천만다행이었다.

손님은 순간 술이 확 깨버렸고 나 때문에 죽을 뻔했다면서 회사에 전화해 노발대발 따지는 것이다.

"썅! 길도 모르는 놈을 무슨 대리운전을 시키고 그래! 앞으로 여기 두 번 다시 부르나 봐라!"

신경질을 가득 부리고는 전화를 끊더니 운전석으로 와서 차 앞문을 강제로 열면서 나를 끌어내렸다.

"내려! 내가 이렇게 죽느니 음주운전 걸리고 말지! 아 짜증나!"

그리고는 직접 운전해서 아주 멀리 사라져버렸다.

난 텅 빈 거리에 버려져서는 비를 맞으며 뚜벅뚜벅 걸었다.

일에 대한 무능력과 죽음의 문턱까지 갔던 충격에 큰 상처를 받은 나는 굵어지는 비를 맞으며 눈물을 하염없이 흘렸던 거 같다.

그만둘까... 말까.. 그만둘까... 말까... 를 수없이 고민했다.

그러나 알바치고는 이만한 돈벌이가 없었기 때문에 계속해서 전진해야했다.

'오르막이 있으면 언젠가 내리막도 있겠지'라는 기대를 하며.

하지만 신은 나에게 내리막을 선물하지 않았다.

오르막 끝엔 항상 절벽이 기다리고 있었다.

마치 사건을 억지로 만들어야 하는 사람인 듯, 하루에 한 번씩은 꼭 에피소드거리가 생기는 듯 했다.

'나의 불행은 남에겐 행복'이란 말이 있지 않은가.

'나의 억울함이 남에겐 웃음일 수 있겠구나.'라는 생각이 문득 들면서 당시 다음 카페에 '너 대리운전 하지 마!'라는 제목으로 에피소드 일기를 올리게 되었다.

처음엔 조회수가 '100'미만이었지만 점점 사건이 커져가면서 수많은 열성팬들이 생기게 되었다.

그리고 정식으로 소설사이트에 글을 연재하기 시작했고 어느덧 글 한편당 조회수가 1만을 넘어가는 스타가 되어가고 있었다.

스타성을 유지하려면 난 매일 밤 질주해야했고 계속해서 죽을 고비가 생겨나야 했다.

정말 이러다 죽는 건 아닌가 할 정도로.

1년 동안을 낮에는 학생, 밤에는 대리운전기사, 새벽엔 인터넷 소설작가로 생활했다. 그리고 그 무렵 대리운전을 하다가 만난 한 여인과 사랑을 하게 되었고 대리운전 이야기는 그때부터 러브스토리로 발전하게 되었다.

이제 더 이상의 사건사고도 없고 지루해져만 가려던 대리운전 이야기는 러브스토리로 또다시 싹을 틔었다.

그 러브스토리는 얼마 후 좋은 출판사를 만나 "왕자님 배달하기"라는 책으로 출간되었다.

손님은 '왕'이고 손님을 집까지 '배달'시켜주는 일이라 해서 '왕자님 배달하기'다.

인터넷 소설 "엽기적인 그녀"와 "옥탑방 고양이"를 출간한 출판사로서 영화와 드라마로 이미 대박이 난 선배들 때문에 내 책도 영화사에서 관심을 많이 가지게 되었다.

수많은 영화사에서 접촉이 들어왔고 끝내 "엽기적인그녀2"로 계약하는 자리까지 가게 되었다.

영화사에서 말하기를 원작자인 나를 영화에 카메오 출연시킬 테니 지금부터 연기공부 좀 하고 있으라는 거다.

꺄오! 이제부터 내 인생 드라이크리닝 들어가는 건가!

그동안의 무수한 사건사고들이 주마등처럼 스쳐지나갔다.

아. 대리운전이 내 인생을 바꿔주는구나. 역시 그 때 잘 참고 잘 견딘 거야. 이제부터 정말 내리막이구나. 그래, 신은 날 버린게 아니었어. 너 참 훌륭해. 어릴 적 여의도 mtm연기학원 다녔던 게 다 이유가 있었던 거구나. 넌 복 받을 자격 있는 놈이야. 후훗.

그러나 그 행복한 상상은 오래가지 못했다.
어린나이에 영화 계약이라는 큰 자리에 혼자 갈수가 없어 엄마를 모시고 출판사, 영화사 대표를 미팅하게 되었다.

영화사대표: "출판사랑, 작가님이랑, 저희랑 이렇게 3부 각각 싸인하시면 됩니다. 계약금은 출판사와 작가님에게 각각 1,000만원씩 드리겠습니다."

순조롭게 모든 게 마무리 될 찰나, 엄마가 찬물을 쏟아 부었다.

엄마: "그런데, 이 계약 조항에서 제 아들이 너무 영화사한테 끌려다닌 것 같네요. 1조 3항이랑, 3조 2항이 맘에 안드니 이거 수정해서 다음 주에 다시 보기로 하죠."

예상치 못한 엄마의 돌발발언에 나, 영화사대표, 출판사대표 모두 말문이 막히고 표정이 얼어붙었다.

출판사대표: "어머님, 그래도... 오늘 계약을 하셔야..."

엄마: "아니에요. 계약은 항상 꼼꼼하게 해야죠. 나중에 어떤 일이 있을지도 모르는 건데."

출판사대표: "...."
나: "엄마...."

물 엎질러지는 소리와 달걀 깨지는 소리가 연이어 들리는 듯 했다.
결국 그 날 계약서에 사인을 안 하고 모두 헤어지게 되었고, 그 이후 영화사에서 맘이 바뀌었는지 영화 계약은 백지화되었다.

그로 인해 힘들게 자리를 만들었던 출판사와도 거리가 멀어지게 되었고
출간된 책도 초판 인쇄에서 막을 내리게 되었다.
모든 것은 순식간에 물거품이 되어버렸다.

기대가 크면 실망이 크다고 했나, 그 이후로 난, 사춘기 시절 단 한 번도
시도하지 않았던 '집나가기'란 업적을 남기게 되었다.
그리고 대리운전도 왕자님 배달하기도 기억 저편으로 묻히게 되었다.

(2004년도에 절판되었습니다 ㅠㅠ)

맺음말

책을 쓰는 과정은 기쁨 그 자체였다.

억지로 머리를 쥐어짜낸 것도 아니고 일부 작가의 고통처럼 고뇌하고

인내하며 글을 쓴 것도 아니다. (물론 그렇게 할 능력도 못 된다 ^^;)

내 평상시 말과 행동들을 그대로 옮기는 작업에 불과했고,

내 실체와 모든 행동습관들이 이 안에 고스란히 녹아들어간 듯 하다.

그것이 온 천하에 공개되는 것 같아 마냥 부끄럽기도 하지만

한편으론 기대도 된다.

아재개그마냥 유치할지라도 소소한 웃음거리에 목말라있는 사람들이

많을 거라 생각되기 때문이다.

세상살이 힘들고, 지치고, 우울하고, 짜증날 때가 많다.

이럴 때는 그저 다 잊고 맘껏 웃을 수 있는

유머가 만병통치약인 듯싶다.

그래서인지 남을 웃게 만드는 사람이 인기가 많고

이들 주변엔 늘 친구가 넘쳐난다.

그뿐인가. 누구나 부러워할 만한 예쁜 여성과 사귀는 경우도

종종 보게 된다.

개그맨들이 이를 증명해주고 있지 않은가.

게다가 이렇게 유쾌한 사람들은 남을 배려하는 여유도 가지고 있다.

상대가 약속 장소에 좀 늦었다 해서 쉽게 짜증이나 화를 내지 않는다.
"이야~ 나도 지금 막 와서 조마조마했는데
너가 좀 더 늦어 다행이다. 휴~"

친구가 나에게 심한 돌직구를 날렸다고 따지거나 상처받지 않는다.
"혹시 돌직구 말고 커브는 못 던져?
내가 직구를 잘 못 받아서..."

택시기사가 엄한 곳으로 길을 잘못 들어 도착시간이 늘어나도
웃을 줄 안다.
"아저씨 저 일찍 보내기 싫으신가 봐요. 하하."

성공의 중요한 열쇠가 인간관계라면, 그 열쇠를 갖는 해법은 바로
유머가 아닐까 생각한다.
웃음은 **유대관계**를 쌓는 데 있어 환상적인 도구다.
바쁜 일상과 소통의 부재로 점차 웃음이 사라지고 있는 요즘,
누군가에게 미소를 짓게 해보는 것은 어떨까.

웃음을 선사하는 한마디의 유머로 소통을 시작하면,
우리 모두의 마음이 열리고, 함께 웃고, 함께 행복하고,
기쁨이 배가 되지 않을까.

티베트 속담에 이런 말이 있다.

"인생을 향해 미소 지으면 반은 당신 얼굴로,
나머지 반은 타인의 얼굴로 간다."

사람이 가진 최고의 표정은 미소를 가진 얼굴이다.
나도 웃고 너도 웃고 모두가 웃어서,
대한민국이 웃음으로 가득 넘쳐나길 바란다.

이 책이 나올 수 있게 도와주신 만화작가 이상무님, 표지그림 정경호님, 편집디자인 이선우님, 이홍배 편집장님, 그리고 『왕자님 배달하기』 출간 이후 14년 만에 재회한 백승대 대표님, 끝으로 성원해 주신 모든 분들께 감사의 마음을 전합니다.